GARTEN ANLEGEN LEICHT GEMACHT

Von Maria Hoeller

Inhaltsverzeichnis

Vorwort

Der eigene Garten ist ein Traum von vielen Menschen. Eine grüne Oase, ein Ort der Ruhe und Entspannung, ein Ort für Grillpartys und lauschige Abende im Kreise von Familie und Freunden. Doch der Garten kann durchaus noch mehr sein als grüner Rasen und blühende Blumen. Die Bedeutung eines Gartens, welcher der eigenen Versorgung dient, nimmt gerade in Zeiten wie diesen immer weiter zu. Dabei sind nicht nur die Landbewohner darauf bedacht, ihr eigenes Obst und Gemüse anzubauen. Auch immer mehr Stadtgärten, seien sie auch noch so klein, werden auf diese Weise genutzt.

Viele Menschen träumen von einem eigenen Garten, in dem sie anbauen wollen, was ihnen ihr täglicher Bedarf abverlangt. Doch viele von ihnen trauen sich aus Unwissenheit den ersten Schritt nicht machen, schrecken davor zurück, aus Angst Fehler zu begehen und die Ernte zu riskieren. Es ist im Grunde genommen gar nicht schwer, seinen eigenen kleinen oder auch großen Gemüsegarten anzulegen, der einen mit dem versorgt, was man braucht. Wenn auch du dir den Wunsch vom eigenen, kleinen Gemüsegarten erfüllen möchtest, dann wird dir dieser kleine Ratgeber als Leitfaden dienen.

Erfahre in diesem Buch alles, was du wissen musst. Angefangen von der ersten Planung über die richtige Vorbereitung bis hin zur Wasserversorgung wirst du hier in diesem Buch alles lernen, was du wissen musst, um nicht nur einen wundervollen Gemüsegarten zu schaffen, sondern auch noch eine sehr reiche Ernte einzufahren. Du wirst überrascht sein, wie leicht es ist, sein eigenes frisches Gemüse auf den Tisch zu bringen und sich nicht nur gesund, sondern vor allem auch nachhaltig ernähren zu können.

Wenn du auch noch wissen möchtest, wo genau dein Gemüse herkommt und dir sicher sein willst, dass sich hierin keinerlei chemische Substanzen befinden, dann bist du mit frischem Gemüse aus dem eigenen Garten bestens beraten. Zudem ist es eine Freude, das selbst angebaute und geerntete Gemüse dann zu verarbeiten. Alles, was du hierfür wissen musst, erfährst du in diesem kleinen Ratgeber.

Dein eigener Garten, sei es nun ein Gemüsegarten oder ein Blumengarten, wird dich nur dann mit voller Freude erfüllen, wenn alles blüht, wenn alles wächst und gedeiht, wenn du eine gute Ernte einfahren kannst. Sicher wirst du gerade bei deinem eigenen Gemüsegarten, wie bei vielen anderen Dingen in deinem Leben auch, im Laufe der Jahre deinen eigenen Stil und deine eigenen Methoden mit einfließen lassen. Damit es dir jedoch überhaupt erst einmal möglich wird, deine eigenen

Entscheidungen zu treffen, musst du unweigerlich erst einmal deine eigenen Erfahrungen sammeln. Genau bei diesen Erfahrungen soll dieser Ratgeber dir eine Hilfestellung bieten. Nur dann, wenn du die Grundlagen sicher beherrscht, wirst du auch in der Lage sein, dem Ganzen deine eigene Note zu geben.

Dieser Prozess der Entwicklung der eigenen Fähigkeiten ist es auch, was diese immense Faszination ausmacht. Abgesehen davon ist es immer ein sehr erhebendes und schönes Gefühl, wenn du in der Küche das zubereiten kannst, was aus deinem eigenen Garten kommt, was durch deine Sorgfalt und Pflege erst wachsen und gedeihen konnte. Du lernst in diesem Buch auch, wie du selbst auf engstem Raum in der Lage bist, enorme Erträge zu erzielen und wie du eine Vielzahl an verschiedenen Sorten an Obst und Gemüse auch in kleinen Gärten anbauen und ertragreich ernten kannst.

Der eigene Gemüsegarten liegt voll im Trend, ebenso die gesunde Ernährung und der Hang danach, sich möglichst nur noch mit Bioprodukten zu ernähren. All diese und viele Möglichkeiten mehr bietet dir dein eigener Gemüsegarten, der dich nicht nur ernähren wird, sondern der dir überdies auch eine Menge an Freude bringen wird. Du bist gezwungen, einen Großteil deiner Zeit an der frischen Luft zu verbringen, du kannst deinen Kindern zeigen, wie Gemüse wächst und du wirst sehen, auch sie werden viel Spaß daran haben.

Dieser Ratgeber wird dich Schritt für Schritt nicht nur von den ersten Gedanken an einen eigenen Gemüsegarten und der Planung bis hin zum Anbau und der ersten Ernte begleiten, vielmehr wird er dich auch Schritt für Schritt durch das Gartenjahr führen. Auf diese Weise kannst du dich immer an diesem Ratgeber orientieren und nachschlagen. Du wirst sehen, am Ende dieser Lektüre weißt du genau, was du wann zu tun hast, welche Fehler du in jedem Fall vermeiden solltest und natürlich auch, wie du sie vermeiden kannst.

Was immer du für die Anfänge im Bereich Gemüsegarten anlegen und bestellen wissen musst, gibt dir dieser Ratgeber mit auf den Weg. Hier bekommst du alle wichtigen Grundlagen leicht verständlich erklärt und wirst auch lernen, mit Unkraut und Schädlingen umzugehen, ohne deinem Garten die chemische Keule geben zu müssen. Lerne, das Optimum aus deinem Garten herauszuholen, lerne, ihn nahezu das ganze Jahr über bestmöglich zu nutzen, sodass du wirklich rund um das Jahr mit frischem Gemüse versorgt bist.

Warum du einen eigenen Gemüsegarten brauchst

Jedes Jahr, sobald die ersten wärmenden Sonnenstrahlen das Ende des Winters und den nahenden Frühling verkünden, gibt es in den meisten Haushalten ein festes Thema. Die meisten Menschen wollen ihr eigenes Gemüse und Obst anbauen, wollen ernten und verarbeiten, was sie selbst geschaffen haben. Dabei spielt das Thema der Selbstversorgung eine nicht unwichtige Rolle.

Klar, gerade in Zeiten, in denen sich die Wirtschaft immer weiter talwärts bewegt, in denen eine Katastrophe die nächste jagt, in denen die Nachrichten voller Berichte über Kriege und Unruhen, über Aufstände und Plünderungen sind, mag jeder vorsorgen. Die Frage danach, was passiert, wenn es wirklich einmal, aus welchen Gründen auch immer zu Engpässen in der Versorgung kommt? Dann spätestens ist derjenige gut beraten, der hier vorgesorgt und seinen eigenen Gemüsegarten geschaffen hat.

Doch davon abgesehen, bietet dir dein eigener Gemüsegarten auch einen Ort der Ruhe, der Entspannung und des Wohlfühlens. Du kannst nahezu Tag für Tag den Fortschritt sehen, den dein Garten macht, du kannst zusehen, wie sich die Früchte deiner Arbeit entwickeln. Du bist an der frischen Luft, hast die Möglichkeit, deinen Garten nach deinen Ideen zu gestalten und wirst schnell schon das befriedigende Gefühl verspüren, mit

deinen eigenen Händen etwas erschaffen zu haben, das nicht nur Spaß bringt, sondern das vor allem dich und deine Familie im besten Fall das ganze Jahr hindurch versorgen kann.
Doch nicht nur für dich kann dein eigener Gemüsegarten etwas ganz Besonderes sein. Auch deine Kinder werden es lieben. Vielleicht lässt du ja auch sie ihr eigenes kleines Beet bepflanzen, das Gemüse pflegen und ernten. Das Funkeln in den Augen deiner Kinder, wenn sie ihre ersten eigenen Karotten aus dem Boden holen, wenn sie die ersten jungen Erbsen vom Busch zupfen oder auch die ersten Kräuter aus ihrem Beet ernten. Dieses Funkeln ist unbezahlbar, deine Kinder haben Spaß und du weißt ganz genau, gesünder kannst du sie nicht ernähren als mit Obst und Gemüse aus dem eigenen Garten.

Ein weiterer Vorteil neben dem Aspekt der Selbstversorgung und der gesunden Ernährung ist auch noch der, dass deine Kinder mit dem eigenen Gemüsegarten auch spielerisch lernen, Verantwortung zu übernehmen, sich um das Lebewesen Pflanze zu kümmern, die sie später einmal ernähren wird. Auch bekommen die Kinder ein ganz anderes Verständnis für die Natur. Sie lernen zu beobachten und aus dem, was sie sehen, zu lernen. Deine Kinder werden nicht nur eine andere Beziehung zur Natur bekommen, sie werden lernen, auf sie zu achten, wenn sie erst einmal gelernt haben, dass es die Natur ist, die sie mit all dem versorgt, was sie zum Leben brauchen.

Dein Garten wird sich im Laufe der Zeit verändern, du wirst dich an immer schwierigere Projekte wagen und du wirst im Laufe der Zeit sicher auch immer mehr verschiedene Sorten an Obst und Gemüse anbauen. Du wirst neue Dinge ausprobieren und immer neue Erfahrungen machen. Du wächst an und mit deinem Gemüsegarten. Das erhebende Gefühl, wenn du dich an die Ernte deines eigenen Gemüses machst, ist unbezahlbar. Am meisten jedoch wird wohl auch bei dir die Tatsache wiegen, dass du dich und deine Familie gesund und durchaus auch günstig ernähren kannst, dass du unabhängig bist von den Entwicklungen der Wirtschaft und auch in Zeiten von Krisen und Katastrophen nicht auf frisches Obst und Gemüse verzichten musst.

Anbauen, was dir schmeckt, die Freiheit genießen, unabhängig von Tag und Zeit zu ernten, worauf du gerade Lust hast, das ist es, was der Inbegriff einer ultimativen Unabhängigkeit ausmacht. Du bist nicht darauf angewiesen, dich mit der Nachfrage am Markt treiben zu lassen und teilweise entsprechend hohe Preise für dein Gemüse zu zahlen. Ernte was du willst, alles, was du tun musst, ist vor die Haustür zu treten und dich in deinem eigenen Gemüsegarten umzuschauen. Nimm dir, worauf du Lust hast und genieße es in vollen Zügen.

Du siehst, es gibt mehr als einen Grund, deinen eigenen Gemüsegarten anzulegen. Du wirst die ultimative Freiheit genießen können und wirst sehen, wie schön es ist, dein eigenes Gemüse anzubauen, es zu ernten und deine Familie mit dem zu ernähren, was du mit deinen eigenen Händen erschaffen hast. Du musst dich allerdings in keinem Fall davon abhalten lassen, dass du vielleicht nur einen kleinen Garten oder vielleicht auch nur einen Balkon, eine Terrasse hast. Du wirst im Laufe dieses Buches sehen, dass auch hier ein ertragreicher Anbau möglich ist.

Die verschiedenen Formen von Gärten

Wenn du nun mit dem Gedanken spielst, dir deinen eigenen Gemüsegarten anzulegen, dann wirst du sicher auch schon mal deine Fühler ausgestreckt haben, welche Möglichkeiten sich dir in diesem Bereich bieten. Zahlreiche Philosophien wirst du gefunden haben und sicher auch unzählige Praktiken darüber, wie ein Gemüsegarten aufgebaut sein sollte, damit du auch eine reiche Ernte einfahren kannst. In Anbetracht der vielen, selbsternannten Gurus ist es gerade für dich als Anfänger nicht leicht, den Überblick zu behalten und sich sinnvoll orientieren zu können.

Klar, es gibt viele verschiedene Möglichkeiten, einen Gemüsegarten zu planen und anzulegen. Welche davon letztlich für dich selbst die beste Möglichkeit ist, hängt neben deinem eigenen Geschmack auch noch von einigen weiteren Faktoren ab. Doch dazu kommen wir später in diesem Kapitel noch genauer. Um dir als Anfänger einmal einen leicht verständlichen Überblick zu geben, starten wir hier an dieser Stelle einfach mal mit einer Übersicht der Möglichkeiten. Dann kannst du schon einmal sehen, was möglich ist und was dir vielleicht am besten zu deinen eigenen Vorstellungen passt.

Der klassische Gemüsegarten ist wohl die am häufigsten vertreten Form. Hierbei handelt es sich im Grunde genommen um einen sogenannten Mischgarten, in dem der eigentliche Gemüsegarten nur einen bestimmten Teil des Gartens an sich einnimmt. In einem derartigen Gemüsegarten findest du neben den Klassikern wie Salat, Tomaten und Gurken vielleicht auch noch Kürbis und Zucchini. Diese Form vom Gemüsegarten ist in den meisten Fällen nicht dafür geeignet, wenn du in Richtung Selbstversorgung gehen möchtest. In diesem Fall solltest du schon über ein enorm großes, nutzbares Areal verfügen. Der klassische Gemüsegarten ist immer in irgendeiner Form mit einem sogenannten Ziergarten kombiniert. Ob dieser nun aus vielen Blumen oder mehr aus einem besonders gepflegten englischen Rasen besteht, spielt im Grunde genommen keine

Rolle. Du wirst in einem klassischen Gemüsegarten in den meisten Fällen auch die Klassiker finden im Bereich des angebauten Gemüses. Darüber hinaus darf natürlich auch in einem klassischen Gemüsegarten der Bereich vom sogenannten Hausgarten nicht fehlen. In diesem findest du je nach dessen Größe neben den benötigten Küchenkräutern eben auch Salat und Tomaten. Grundlegend sind in einem guten Hausgarten alle Sorten zu finden, die du am häufigsten, also im Grunde genommen eigentlich täglich in der Küche brauchst. Charakteristisch für den klassischen Gemüsegarten ist auch, dass dieser sich in den meisten Fällen doch ein wenig abseits des Hauses befindet, also hinter dem eigentlichen Ziergarten angelegt wurde. Beim klassischen Gemüsegarten wirst du in den meisten Fällen durchaus auch einen kleinen Hausgarten finden, in welchem neben den wichtigsten Küchenkräutern durchaus auch Salatpflanzen und Tomaten oder vielleicht auch Gurken wachsen. Der Küchengarten oder Hausgarten ist in jeder Form und in jeder Planung eines Gemüsegartens ein fester Bestandteil, der Berücksichtigung finden sollte. Gerade beim klassischen Gemüsegarten, der ja in den meisten Fällen doch einen etwas weiteren Weg zum Gemüse ernten mit sich bringt, ist er besonders wichtig. Sollte deine oberste Priorität jedoch im Bereich der Küchenkräuter liegen, so kannst du diese natürlich durchaus auch auf deiner Fensterbank ziehen. Das hat natürlich vor allem immer dann einen Vorteil, wenn du vielleicht einfach nicht den gewünschten Platzt hast, um einen schönen Hausgarten oder Küchengarten anzulegen. In diesem Fall kannst du dir den Platz, den deine Kräuter hier einnehmen würden, ganz gut für Salat und andere Sorten nutzen. Worauf genau es hier beim Planen und Anlegen ankommt, werden wir uns allerdings in einem gesonderten Kapitel genauer anschauen.

Neben dem **ökologischen** oder gar **biologischen Gemüsegarten** ist in der heutigen Zeit des modernen Anbaus ein weiteres Konzept besonders weit verbreitet, der **Permakultur Garten**. In diesem finden sich zwar durchaus viele Komponenten aus dem ökologischen und biologischen Anbau wieder und auch umgekehrt, dennoch ist der Permakultur Garten eine kleine Kunst für sich. Du wirst sicher schon viel von der Permakultur gehört haben und auch immer wieder darüber gelesen haben. Doch obgleich die Permakultur sich in unseren Breitengraden durchaus großer Beliebtheit erfreut, hat sie ihren eigentlichen Ursprung doch ganz woanders, nämlich in Australien. Doch obwohl der Begriff der Permakultur an sich aus dem heutigen Gärtneralltag nur noch schwer wegzudenken ist und immer wieder in dem einen oder anderen Zusammenhang auftaucht, wissen doch nur wenige Gärtner, was es genau damit auf sich hat. Da die Permakultur auch für dich und deinen Gemüsegarten wichtige Komponenten beinhaltet, werfen wir an dieser Stelle einmal einen intensiveren Blick auf das Prinzip, das sich dahinter verbirgt. Vor allem kannst du dieses Prinzip auch wunderbar dann umsetzen, wenn du keinen eigentlichen Garten im klassischen Sinne hast, sondern vielmehr deinen Gemüseanbau auf der Terrasse oder dem Balkon in Angriff nehmen möchtest. Auch für den kleinen Platz findest du hier eine Vielzahl an ertragreichen Konzepten, die sich wirklich nahezu überall umsetzen lassen. Wie das im Einzelnen allerdings ausschaut, dazu kommen wir an späterer Stelle noch genauer. Schauen wir uns nun zunächst also einfach einmal an, was es mit dem Prinzip der Permakultur auf sich hat und wie sie eigentlich entstanden ist.

Ihren Ursprung findet die Permakultur wie bereits erwähnt in Australien, wo diese Idee Ende der 70er Jahre des vergangenen Jahrhunderts in den Köpfen zweier Landwirte Gestalt anzunehmen begann. Diese beiden Landwirte, Bill Mollison und David Holmgren machten sich ihre Gedanken über die konventionelle Landwirtschaft. Ihnen wurde bewusst, dass die intensive Ausbeutung des Bodens über kurz oder lang zu immensen Schäden an der Natur und den Böden führen würde und machten im Zuge dessen eine bemerkenswerte Entdeckung, die ihnen half, ein Konzept zu entwickeln, das nicht nur die Artenvielfalt schonen konnte, sondern eben auch die Böden und das Grundwasser nicht mehr so stark belasten würde. Dabei hielten sie sich an die Prinzipien, die sie in der Natur beobachten konnten, an die reine Symbiose, die die einzelnen Lebewesen und

Naturkomponenten miteinander eingehen. Sie entdeckten, dass sie dem besonders negativen Trend der Zerstörung entgegenwirken konnten, wenn sie die Symbiosen und Funktionsweisen der Natur in ein Konzept für den entsprechend kleineren Rahmen umsetzen würden.

Sie beobachteten also die Natur und ihre Funktionsweisen noch genauer und versuchten alles, was sie von diesem intakten Ökosystem lernen konnten, im kleinen Rahmen umzusetzen. Grundlegend kann also festgehalten werden, dass es sich bei der Permakultur durchaus um eine Form des ökologischen Landbaus nach dem absoluten Vorbild der Natur mit ihrem intakten Ökosystem handelt. Beim Prinzip der Permakultur finden also nicht nur die Bedürfnisse von Tieren und Pflanzen Berücksichtigung, sondern eben auch die Bedürfnisse und der jeweilige Bedarf des Menschen. All den Bedürfnissen wird bei diesem Prinzip in sehr respektvoller Weise nachgegeben, es wird großen Wert draufgelegt, all diese Bedürfnisse nicht nur miteinander zu verbinden, sondern eben auch in harmonischer Weise miteinander verschmelzen zu lassen. Nur so kann es gelingen, gute Erträge zu erwirtschaften, ohne der Natur, den Böden und Tieren zu schaden. Gelingt es dir, ein solch intaktes Ökosystem in deinem Garten zu schaffen, dann hast du eine besondere Form der Harmonie geschaffen, in welche du im Grunde genommen nahezu nicht mehr eingreifen musst oder wenn du doch einmal eingreifen muss, dann sicher nur in ganz geringem Maße. Ein Garten nach den Prinzipien der Permakultur unterliegt jedoch einigen zwingenden Grundregeln, welche wir uns nun einmal genauer anschauen.

- *Achte die Erde und sorge für sie Da* die Erde ja die Grundlage allen Lebens ist, ergibt es sich von ganz allein, dass sie geachtet und geschützt werden muss, wenn du denn gute Erträge aus ihr erzielen willst. Lerne einfach, dich als ein Teil der Erde zu sehen und lerne sie zu achten und das zu achten, womit sie dich versorgt.
- *Achte und versorge die Menschen* ist der zweite wichtige Grundsatz im Bereich der Permakultur. Was sich hinter diesem Leitsatz verbirgt, ergibt sich ja eigentlich schon von selbst. Es gibt unzählige Sprichwörter in diesem Bereich, die du sicherlich schon seit deiner Kindheit kennst. Beispielsweise lautet eines von ihnen, nur gemeinsam sind wir stark. Ein anderes besagt, dass wir ohnehin alle in demselben Boot sitzen. Diese und viele weitere machen deutlich, dass es darum geht, den anderen zu achten und zu respektieren wie natürlich auch, ihm zu helfen soweit es dir möglich ist. Hierzu gehört natürlich auch
- *Den Konsum einschränken und Überschuss zu teilen,* was auch wieder selbsterklärend ist. Wenn du einmal schaust, was wir alles in unserer Gesellschaft des Überflusses wegwerfen, dann ist dies angesichts zahlreicher Menschen, die Hunger

leiden ein wahres Armutszeugnis. Teile das, was dein Garten an Überschuss produziert mit anderen, tausche Dinge, die du zur Genüge hast gegen solche, die du selbst vielleicht nicht hast. Auf diese Weise schaffst du eine WinWin Situation für alle Seiten. Dies ist im Grunde genommen auch das Hauptprinzip, das du in einem absolut intakten Ökosystem beobachten kannst. Beobachte einfach mal die Natur, hier wirst du nie erleben, dass sich an einer Beute immer nur gerade ein Tier satt frisst. Es kommen die verschiedensten Lebewesen zum Zuge. Wird ein Tier in der freien Wildbahn gerissen ernährt es vom eigentlichen Jäger angefangen bis hin zu den kleinsten Ameisen und auch Käfern eine wahre Vielzahl an Lebewesen. Nichts verkommt in der Natur, nichts wird unverwertet liegen gelassen.

Soweit also mal die allgemeinen Grundlagen der Permakultur. Du siehst also, dass es bei diesem Prinzip, um das eine große Ganze geht und die wahrliche Vielfalt ganz immens im Vordergrund steht. Eine Symbiose schaffen, in der sich die verschiedensten Arten einnisten können, wo sie leben und sich fortpflanzen können, das ist es, worauf es ankommt. Warum dies nun gerade für dich so wichtig ist, wo du doch eigentlich nur einen Gemüsegarten anlegen willst? Ganz einfach, je intakter das von dir geschaffene Ökosystem in deinem Gemüsegarten ist, desto weniger Arbeit hast du und desto ertragreicher und vielfältiger wird deine Ernte ausfallen. So einfach ist das.

Du lernst durch die Prinzipien der Permakultur einen naturnahen Kreislauf zu errichten, der nicht nur vielen Pflanzen und Tieren einen Raum gibt, sondern der auch deinen eigenen Arbeitsaufwand verringern wird, wenn er erst einmal intakt ist. Zu diesem Kreislauf zählt beispielsweise auch, dass du dein Regenwasser möglichst am höchsten Punkt deines Gartens sammelst und es dann vielleicht sogar über Bewässerungsgräben zu den verschiedenen Beeten laufen lässt. Deinen Boden düngst du mit deinem eigenen Kompost, du lernst, so wenig wie möglich wegzuwerfen und alles zu nutzen, was dir die Natur an Möglichkeiten bietet.

Alles in allem ist das Prinzip der Permakultur gar nicht so kompliziert, du musst vielleicht ein wenig umdenken, aber auch das wird nicht schwer sein, wenn du dir einmal die vielen Vorteile vor Augen hältst. Wenn du voll und ganz nach den Prinzipien eines intakten Ökosystems arbeiten willst, dann wirst du hier im Vorfeld beim Anlegen deines Gartens vielleicht minimal mehr Aufwand haben, als es bei anderen Konzepten der Fall ist. Auf der anderen Seite sparst du dir auf lange Sicht eine Menge Arbeit und wirst auch sonst viele Vorteile haben, da du einfach auch darauf vertrauen kannst, dass dieses in sich stabile System die meisten eventuell auftretenden Probleme ganz alleine regeln wird. Du hast also weniger Arbeit und kannst dich voll und ganz auf das konzentrieren, worauf es ankommt. Den Anbau und das Ernten von Gemüse. Du wirst sehen, es bringt eine Menge Spaß mit sich, dem intakten kleinen Ökosystem zuzuschauen. Du kannst natürlich auch je nach deinen eigenen Vorlieben nur einzelne Komponenten aus der Permakultur in deinen Garten integrieren, auch das bringt dir schon einige Vorteile. Du wirst erstaunt sein, wie es sich auf deine Erträge auswirkt.

Auch wenn du jetzt einen Überblick über die wichtigsten Gartenformen und Konzepte hast, kannst du diese natürlich durchaus munter miteinander kombinieren. Wenn du erst einmal deine eigenen Erfahrungen gesammelt und eine gewisse Routine entwickelt hast, dann wirst du ohnehin über kurz oder lang auch deine eigenen Konzepte basteln und Jahr für Jahr neue Dinge ausprobieren und deinen Garten immer wieder neu nach deinen eigenen Vorstellungen optimieren. Dabei wirst du sicher auch in einigen Dingen noch auf die hier erlernten Grundlagen zurückgreifen, wirst aber auch viele eigene Theorien umsetzen. Du wirst Dinge und Konzepte testen die super funktionieren und auch solche, die weniger gut funktionieren.

Du solltest jedoch immer daran denken, dass dich all diese Erfahrungen, seien es die guten oder die weniger guten, immer wieder ein Stück weiter hin zur Erfüllung deines Zieles bringen. Dem für dich perfekten Gemüsegarten. Wenn du dieses Ziel stets im Auge behältst, dann wirst du alle Herausforderungen bestens meistern und wirst letzten Endes deine eigenen Ziele sogar noch weit übertreffen. Du musst keine Wettbewerbe gewinnen, dein Ziel sollte es einfach sein, einen effektiven und nachhaltigen Anbau zu erreichen, der dir durch ein intaktes Ökosystem einen herausragenden Ertrag bringt.

Für welche Variante letzten Endes du dich auch entscheiden magst, es ist sicher immer gut, wenn du das eine oder andere Element aus dem Bereich der Permakultur integrieren kannst. Sei es nur die Wasserversorgung, diese kann dir, wenn sie gut durchdacht ist, auch eine Menge Arbeit abnehmen. Doch damit du überhaupt weißt, was es alles zu beachten gibt und wie du Schritt für Schritt an die ganze Sache herangehen solltest, werfen wir in dem nun folgenden Kapitel einen Blick auf die Planung deines Gemüsegartens.

Die Planung gibt dir nicht nur einen Leitfaden, der dich durch die erste Zeit führt, du bekommst somit auch einen besseren Überblick. Zudem hilft dir die sorgsame Planung dabei, dich nicht ins Ungewisse zu verstricken und du kannst so besser deine eigentlichen Ziele im Auge behalten. Natürlich nur, wenn du sorgfältig planst.

Gut geplant ist halb gewonnen

Ganz gleich, ob du nun einen Gemüsegarten anlegen möchtest, um deinen Kindern zu zeigen, wo das Gemüse herkommt und ihnen die gesunde Ernährung näherzubringen oder ob du dich selbst versorgen möchtest. Ja selbst dann, wenn du nur einen Gemüsegarten anlegen möchtest, weil du auf der Suche nach einem neuen Hobby bist, dann willst du sicherlich am Ende der Saison deine Arbeit durch eine entsprechend gute Ernte belohnt wissen. Und um eben jenes Ziel zu erreichen, bedarf es einer gewissen Planung.

Sicher, du kannst auch einfach wild drauf los graben und ein paar Tomatenpflanzen setzen, doch wird dich eine solche Aktion auf lange Sicht weder befriedigen noch durch hohe Erträge belohnen. In den meisten Fällen wirst du deinen Gemüsegarten jedoch auch zwei Gründen anlegen wollen. Du willst entweder den ersten Schritt in Richtung Selbstversorgung gehen oder aber du willst dich mit deinem eigenen Obst und Gemüse gesund ernähren. Beides hat jedoch eine ertragreiche Ernte als Ziel und um genau die geht es hier. In diesem Kapitel erfährst du, worauf es bei der Planung ankommt und was du beachten musst, um erfolgreich durch die Saison zu kommen. Schauen wir und nun also einmal an, wie du vorgehen musst, wenn du deinen Garten planst.

Wie bei den meisten Planungen üblich, so brauchst du auch hier in erster Linie einmal einen Zettel und einen Stift. Bevor du dich daran machst, deine Beete zu planen, solltest du erst einmal überlegen, was du alles anbauen willst. Die einzelnen Gemüsesorten unterscheiden sich nicht nur durch die Ansprüche an Boden, Nährstoffe und Wasser, sondern auch im Hinblick auf die Jahreszeit, in der sie angebaut werden. Dazu kommen wir später jedoch noch einmal ausführlicher. Schauen wir uns einmal an, was in keinem Fall in deinem Gemüsegarten fehlen sollte. Neben den bereits mehrfach erwähnten Küchenkräutern gibt es noch weitere Klassiker, die du in jedem Fall anbauen solltest.

- Salat in verschiedenen Varianten
- Erbsen und Bohnen
- Tomaten und Zucchini
- Paprika und eventuell Peperoni
- Karotten und Zwiebeln
- verschiedene Kohlsorten

Das sind einmal so die grundlegendsten Sorten, die du für den Anfang ins Auge fassen kannst. Natürlich kannst du auch ohne Weiteres Kürbis und Co mit auf die Liste setzen. Grundsätzlich steht deiner eigenen Vielfalt hier nichts im Wege, selbst wenn du direkt Auberginen anbauen möchtest, solltest du es tun. Wichtig ist, dass du hierbei jedoch immer mal überlegst, was du am häufigsten in der Küche zum Kochen brauchst. Diese Sorten sollten natürlich zum einen unbedingt dabei sein und zum anderen natürlich dann auch in entsprechender Menge zur Verfügung stehen. Wie du jedoch steuern kannst, über die gesamte Erntesaison hinweg versorgt zu sein, das Schauen wir uns später noch separat an. Vergiss also sämtliche Konzepte und Gartenplaner in diesem Moment und richte dich einfach nur nach deinen eigenen Bedürfnissen.

Wenn du nun also deinen eigenen Bedarf ermittelt und eine entsprechende Liste erstellt hast, kannst du dich daran machen, die Beete zu planen. Hierfür machst du dir am besten erst einmal eine Skizze von deinem Garten. Alle Elemente, die du nicht verschieben oder entfernen kannst beziehungsweise willst, zeichnest du in Rot ein. Alles, was quasi aus dem Garten raus kann oder verschoben werden kann, zeichnest du Grün ein. Auf diese Weise kannst du ganz einfach den zur Verfügung stehenden Platz ermitteln und diesen dann gegebenenfalls an deine Anbauliste anpassen. Bevor du nun jedoch daran gehst, deine Beete in die Skizze einzuzeichnen, solltest du noch ein paar grundlegende Dinge beachten.

Zunächst einmal bedenke, dass es immer ratsam ist, ein größeres Beet in mehrere Abschnitte zu unterteilen. Bequem und dennoch effektiv bearbeiten lassen sich am besten Beete mit einer Breite von etwa 1,50 Meter. Solltest du selbst vielleicht etwas kleiner sein, dann sollten natürlich deine Beete auch nur 1,20 Meter bis 1,40 Meter breit sein. Auf diese Weise kannst du ganz bequem arbeiten. Wenn du nun noch darauf Acht gibst, dass der Abstand zwischen den einzelnen Beeten oder Beet abteilen groß genug ist, dass du bequem zwischen ihnen hindurch gehen und dich auch umdrehen kannst, dann kannst du jedes Beet ganz leicht von allen Seiten erreichen und bearbeiten, ohne dich verrenken oder in das Beet steigen zu müssen.

Weiterhin solltest du, sofern du die Möglichkeit hast, darauf achten, dass deine Beete nicht zu weit entfernt vom Haus sind. Hier kannst du allerdings auch unterteilen, indem du die wichtigsten Sorten dichter am Haus pflanzt und all jene Sorten, die du entweder erst später im Jahr erntest oder aber die du nicht so oft brauchst, weiter weg anbaust. Auf jeden Fall sollten deine Beete immer eine gute Portion Sonne abbekommen. Auch sollte der Boden, auf dem du deine Beete errichten möchtest, natürlich möglichst eben sein. Solltest du nun aber eine Hanglage haben, dann sollte diese im besten Fall Richtung Süden ausgerichtet sein. Ohne ausreichend Sonnenlicht können deine Pflanzen nicht richtig wachsen und gedeihen, was sich natürlich in jedem Fall negativ auf deine Ernte auswirken wird.

So, du hast eine Liste erstellt, hast also einen Anbauplan und deine Beete geplant. Du bist also in deiner Planung schon ein gutes Stück vorangekommen. Was brauchst du jetzt also noch?

Genau, deine Planung für die sogenannte Fruchtfolge. Noch nie gehört? Macht nichts, wir schauen uns das jetzt mal gemeinsam an. Gemüse wie auch Obst wird immer unterteilt in solche Sorten, die früh im Jahr reifen und zur Ernte anstehen und solche, die eben erst später im Jahr geerntet werden. Diese Tatsache dürfte dir an sich nicht neu sein. Es wird allerdings noch ein wenig intensiver. Verschiedene Sorten von Gemüse haben auch unterschiedliche Ansprüche an den Boden hinsichtlich dessen Beschaffenheit und der in ihm enthaltenen Nährstoffe. Wenn du dir einmal verschiedene Kohlsorten anschaust oder auch beispielsweise Tomaten, dann wirst du feststellen, dass diese einen doch sehr hohen Bedarf an Nährstoffen und Mineralien haben, während Erbsen oder auch Bohnen hier sehr genügsam sind. Karotten sind eher so im Mittelfeld anzusiedeln.

Du musst also bei der Planung und auch der Vorbereitung deiner Beete diesen Bedarf der verschiedenen Pflanzen bedenken und sie entsprechend mit einem sehr guten Humus und einer gehörigen Portion Kompost als Dünger dem Anspruch angepasst vorbereiten. Diese Vorbereitung ist im Grunde genommen die Grundlage für die Planung deiner Fruchtfolge. Du fragst dich immer noch, was es mit der Fruchtfolge genau auf sich hat? Ganz einfach. Dein bestens präparierter Boden dient im ersten Jahr dem Anbau von Sorten mit einem entsprechend hohen Bedarf. Im zweiten Jahr baust du hier deine Sorten mit einem mittleren

Bedarf an und im dritten Jahr eben alles, was im Hinblick auf Nährstoffe und Mineralien sehr genügsam ist. Auf diese Weise wandern deine Sorten Jahr für Jahr immer wieder ein Beet weiter. So kannst du den Boden selbst optimal nutzen, musst aber keine Einbußen im Hinblick auf deine Ernte oder deinen Ertrag hinnehmen.

Natürlich musst du nun nicht nur unbedingt Jahr für Jahr wechseln, du kannst auch innerhalb einer Gartensaison wechseln. Wenn du beispielsweise Sorten hast, die zwar einen hohen Bedarf haben aber dennoch frühzeitig im Jahr reifen, dann kannst du im Anschluss solche Kulturen anbauen, die eben spät reif sind und nutzt so ein und dasselbe Beet innerhalb einer Gartensaison auch optimal aus. Dies bietet dir ein höchstmögliches Maß an Flexibilität und du kannst alles bis ins kleinste Detail optimal an deine Wünsche und Bedürfnisse anpassen. Natürlich wirkt sich dies auch wieder positiv auf deine Erträge aus. Du kannst allerdings in diesem Zusammenhang deine Erträge kinderleicht durchaus auch noch weiter steigern, wenn du hier beispielsweise auf Mischkulturen setzt.

Mischkulturen sind eine sehr effektive Lösung für jede Form des Gemüseanbaus. Wenn du Zwiebeln anbauen möchtest, dann wirst du sehr schnell das Problem der Zwiebelfliege kennenlernen, die deinen Ertrag durchaus rapide mindern kann. Diese kleinen

Schädlinge zerstören junge Pflanzen und werden in den meisten Fällen auch noch recht spät entdeckt. Wenn du nun jedoch neben deinen Zwiebeln Karotten anbaust, dann wirst du keine Probleme mehr mit den Zwiebelfliegen haben, da diese den Geruch, den die Karotten ausstrahlen, nicht mögen. Ergo, deine Zwiebelernte ist gesichert. Das Prinzip der Mischkultur lässt sich auf die verschiedensten Sorten anwenden und umlegen, du erreichst dadurch eine vollkommen natürliche Form der Schädlingsbekämpfung und wirst entsprechend höhere Erträge mit weniger Arbeit erzielen. Du hast natürlich viele Möglichkeiten im Bereich der Mischkulturen. Um dir einen kleinen Überblick zu geben, was du nebeneinander anbauen solltest und was lieber nicht, schauen wir uns nun einmal eben die verschiedenen Mischkulturen an, die für deinen Gemüsegarten interessant sind. Dies wird dir ebenfalls ein wichtiger Punkt in der Planung deines Gartens sein.

- Zu **Bohnen** passen am besten Kohlsorten und Gurken sowie auch Tomaten, Rhabarber und Salat. Auch Rüben, Dill oder Spargel kannst du hier als Mischkultur setzen. Vermeiden solltest du die Nachbarschaft mit Zwiebelgewächsen und Erben sowie Fenchel
- **Auberginen** beispielsweise kombinierst du am besten Kohl oder Spinat sowie auch mit Salat oder Brokkoli. Rote Beete oder auch Erbsen solltest du hier nicht als Partner für die Mischkultur in Erwägung ziehen

- **Erbsen** gedeihen am besten und gesündesten in der Kombination mit Spargel, Karotten, Rettich, Kohl oder auch Salat. Schlechte Nachbarn sind hier wieder Zwiebelgewächse, Kartoffeln und Tomaten sowie auch Bohnen
- **Gurken** sind nicht nur beliebt, sie lassen sich auch im Bereich der Mischkultur vielfältig kombinieren. Neben Paprika und Sellerie sind auch Bohnen, Zwiebeln, Kohl, Salat, Knoblauch und Spinat quasi gesunde Nachbarn. Zucchini, Radieschen und
- Rettich sollten hier nicht gepflanzt werden

Wie du siehst hast du zahlreiche Möglichkeiten, die verschiedenen Gemüsesorten miteinander in einer Mischkultur zu kombinieren. Auf diese Weise schützen sich die einzelnen Kulturen gegenseitig vor Schädlingen. Wichtig ist auf jeden Fall im Bereich der Mischkultur, dass du diese nicht Beet an Beet nebeneinander pflanzt, sondern innerhalb eines Beetes reihenweise nebeneinandersetzt. Auf diese Weise erreichst du den größtmöglichen Vorteil und die besten Erträge, ohne auf chemische Schädlingsbekämpfung zurückgreifen zu müssen oder auch ohne immens viel Arbeit zu investieren.

Neben der Mischkultur hast du jedoch auch noch eine weitere Möglichkeit, deine Erträge zu steigern und den dir zur Verfügung stehenden Platz bestmöglich auszunutzen. Um dies einmal zu verdeutlichen, nehmen wir nur mal als Beispiel ein Beet, indem du Tomaten anbauen möchtest. Diese werden frühestens ab Mitte Mai gepflanzt, du hast also genügend Zeit, um im Vorfeld andere Sorten anzubauen, wie beispielsweise Salat oder Radieschen, welche du vor dem Anpflanzen der Tomaten auch ernten kannst. Wenn du also neben der eigentlichen Fruchtfolge auch noch bedenkst, was wann angebaut und geerntet werden kann, dann kannst du auch aus kleinen Beeten einen erstaunlichen Ertrag erzielen indem du entsprechenden Wechselanbau machst. Doch auch all jene Sorten, die du möglichst das ganze Jahr hindurch immer frisch ernten möchtest, kannst du durchaus auch in einer sogenannten Dauerkultur anbauen. Dies ist besonders bei Salat eine beliebte Vorgehensweise, wenn du hier alle vier Wochen säst, dann hast du immer frischen Salat. Allerdings musst du bedenken, dass du immer nur wenige Pflanzen vorziehest, dies kannst du im Übrigen auch schon besonders früh im Jahr auf der Fensterbank oder im Gewächshaus machen.

Nachdem du nun weißt, was es bei der Planung deiner Beete alles zu bedenken gibt, kannst du die Beete nach deiner Wahl in deine Skizze einzeichnen. Bei der Anlage solltest du neben der Fruchtfolge auch die Beete berücksichtigen, die du für Dauerkulturen nutzen möchtest. Die Planung selbst ist also gar nicht einmal so schwer, wie du nun selbst sehen kannst. Du hast bei der Planung deines Gemüsegartens die absolute Freiheit und kannst dich voll und ganz an deinen Wünschen und Bedürfnissen orientieren. Eventuell vorhandene Bäume solltest du berücksichtigen, diese haben die Angewohnheit meistens da zu stehen, wo für dich der perfekte Platz für deine Beete wäre.

In deiner Planung für deinen Gemüsegarten sollte auch das Gewächshaus Berücksichtigung finden. Hier musst du entscheiden, inwieweit ein solches für dich und deine Planung einen Sinn macht. Ob du eines brauchst oder eher nicht, das musst du ganz allein entscheiden. Wenn du jedoch mit deinem Gemüsegarten eher auf den Bereich der Selbstversorgung abzielst, dann solltest du den Bau eines Gewächshauses durchaus in Erwägung ziehen. Auch sogenannte Frühbeete sollten in deiner Planung dann Berücksichtigung finden. Gerade ein Frühbeet bietet dir die Möglichkeit, verschiedene besonders frühe Sorten im Wechsel zu kombinieren.

So planst du deinen Gemüsegarten richtig

Nachdem wir uns nun im vorherigen Kapitel einmal damit beschäftigt haben, was du bei der Planung alles beachten solltest, schauen wir uns nun einmal im Detail an, wie es weitergeht. Im besten Fall hast du ja nun schon deinen Anbauplan fertig und deine Beete in etwa grob in deine Skizze eingezeichnet, so wie du sie haben möchtest. Nun musst du im Grunde genommen den Feinschliff vornehmen. Du gehst also zunächst einmal bei und überprüfst anhand deiner Skizze vor Ort, also im Garten, ob sich die Beete so wie du sie auf deiner Skizze hast, auch realisieren lassen.

Hierbei achtest du neben Bäumen, die eventuell im Weg liegen auch auf die Beschaffenheit des Bodens. Wenn du dort, wo du dein Beet anlegen willst zum Beispiel viele Steine hast, dann musst du dir überlegen, ob du die Arbeit auf dich nehmen willst, diese abzutragen und auszugraben oder ob du einen anderen Standort für dein Beet wählen kannst. Ähnlich schaut es auch, wenn du an der Stelle, wo dein Beet entstehen soll beispielsweise einen lehmigen Boden hast. Auch hier musst du dir überlegen, ob du die Fläche deines Beetes dann entsprechend tief auskoffern und mit Humus auffüllen willst. Im Grunde genommen ist es immer die einfachere Variante, einen anderen Standort zu suchen, doch ist das oft aufgrund von Platzmangel nicht möglich.

In diesem Fall jedoch musst du auch noch nicht verzweifeln angesichts des enormen Arbeitsaufwandes. Du kannst stattdessen auch ganz einfach auf ein Hochbeet zurückgreifen.

Hochbeete sind in der Planung eines Gemüsegartens ohnehin wichtige Elemente. Vor allem dann, wenn du schon etwas älter bist oder Rückenprobleme hast, erleichtert dir das Hochbeet die Gartenarbeit in ganz besonderem Maße. Hochbeet sind übrigens auch sehr wichtige Elemente aus dem Bereich der Permakultur. Auch sie lassen sich optimal mit Mischkulturen bepflanzen, sodass du also auch mit einem Hochbeet auf nichts verzichten musst. Du kannst zudem dein Hochbeet durchaus auch als Frühbeet konzipieren, indem du es mit einem Deckel versiehst. Diesen kannst du dann bei passenden Temperaturen entweder einfach offen lassen oder aber auch ganz entfernen. Zudem bieten dir Hochbeete noch einen weiteren enormen Vorteil. Sie lassen weit früher im Jahr eine Ernte zu da sich die Erde im Hochbeet schneller und effektiver erwärmt, als es im Boden der Fall wäre. Auf diese Weise wachsen deine Pflanzen nicht nur schneller, sondern sind eben auch früher bereit zur Ernte.

In deiner Planung sollte also das eine oder andere Hochbeet durchaus Berücksichtigung finden. Da du sie selbst bauen kannst, lassen sie sich nicht nur als praktische, sondern vielmehr auch als durchaus dekorative Elemente in deinen Garten integrieren.

Vor allem durch die Tatsache, dass sich Hochbeete auch so wahnsinnig vielfältig nutzen lassen, bieten sie dir ein absolutes Höchstmaß an Flexibilität und lassen sich auch kinderleicht variieren und so an veränderte Bedürfnisse anpassen. Was neben einem Hochbeet unbedingt auch noch in deiner Planung Berücksichtigung finden sollte, ist das Kinderbeet. Natürlich gilt dies nur für den Fall, dass du schon Kinder hast. Sollten diese jedoch schon groß und aus dem Haus sein, vielleicht sogar schon ihre eigene Familie haben, dann denke doch einfach mal darüber nach, ein Beet für deine Enkelkinder anzulegen.

Gerade für Kinder ist es das Höchste, wenn sie einfach Karotten aus dem Boden ziehen und essen können. Wenn sie sehen, wie aus zarten Setzlingen essbares Gemüse heranreift, dann ist dies für die Kleinen ein wahres Wunder. Sie haben in den meisten Fällen eine Riesen Freude mit ihren eigenen kleinen Beeten und fiebern der ersten Ernte ungeduldig entgegen. Vor allem kannst du ihnen viel über die Funktionsweisen der Natur beibringen und sie so schon von klein auf an die Künste des Gemüseanbaus heranführen.

Wenn du nun also deinen Plan entsprechend dem, was sich tatsächlich realisieren lässt geändert oder angepasst hast, dann solltest du im nächsten Schritt deinen Anbauplan eintragen. Hierfür gehst du einfach bei und schreibst dir die Reihenfolge der verschiedenen Sorten pro Beet in deinen Plan. Dabei setzt du die Sorten, die du als erstes anbauen wirst ganz oben hin und die, welche du zuletzt anbaust, entsprechend ganz unten. Für das erste Jahr ist es durchaus hilfreich, wenn du dir noch die von bis Zeiten auf deinem Plan notierst. Also beispielsweise März bis Mai Salat, Mai bis August Tomaten. So verlierst du gerade am Anfang nicht so schnell den Überblick und weißt immer auch, was als nächstes kommt.

Gerade dann, wenn du selbst noch nie einen Garten hattest, wirst du dir nicht alles merken können. Hier solltest du dir wirklich die eine oder andere Notiz machen und immer wieder auch auf deinen Plan schauen. Diesen wirst du nun mittlerweile wahrscheinlich noch einmal neu anlegen müssen, vor allem, da du jetzt wohl schon die eine oder andere Änderung oder Korrektur vorgenommen hast. Übertrage einfach alles noch einmal fein säuberlich auf einen neuen Plan und du wirst dich viel leichter tun, den Überblick zu behalten.

Vergiss nicht deinen Hausgarten

Die Planung für deinen Gemüsegarten steht. Nun solltest du dich daran machen, deinen Hausgarten zu planen. Was genau du in deinem Hausgarten anpflanzen möchtest und kannst, hängt nicht zuletzt auch davon ab, wie viel Platz du hast. Wenn du nun das Problem haben solltest, dass du in der Nähe deines Hauses nur betonierte oder gepflasterte Bereiche hast, so ist dies auch kein Problem. Hier kannst du dann ganz einfach wieder auf ein Hochbeet zurückgreifen oder auch auf mehrere.

Das Schöne an einem Hochbeet für den Hausgarten ist, dass du es flexibel auf das jeweilige Platzangebot anpassen kannst. So kannst du beispielsweise deinen Küchengarten auch links und rechts neben deiner Haustür anlegen, wenn du hier jeweils ein Hochbeet für Kräuter anlegst und ein zweites für die besonders oft gebrauchten Sorten, die du dann sogar in einer Dauerkultur anbauen kannst. Du kannst natürlich gerade hier in diesem Bereich auch wunderbar damit arbeiten, dass du deine jeweiligen Kulturen im Haus auf der Fensterbank vorziehst. Auf diese Weise sparst du Platz in deinem Hausgarten, sei dieser nun klassischer Natur oder in Hochbeeten angelegt.

Grundlegend einmal solltest du in deinem Hausgarten bei der Planung ähnlich vorgehen wie du es auch bei deinem Gemüsegarten machst. Erstelle dir eine Liste mit den Kräutern, die du in jedem Fall immer in der Küche brauchst und dann entscheidest du, ob und was du daneben noch anbauen willst. Dies ist aber stark vom jeweiligen Platz abhängig, den du hast. In einem klassischen Hausgarten wirst du neben Kräutern auch noch Salat, Tomaten und Gurken finden, Radieschen vielleicht und das eine oder andere Obst. Doch den entsprechenden Platz wirst du meist nur in einem Bauerngarten finden. Du musst also selektieren. Natürlich kannst du auch ein Beet für Dauerkulturen anlegen und wenn du wirklich zu wenig Platz hast setzt du einfach deine Kräuter nebenan in ein Hochbeet.

Doch für die Planung deines Küchengartens ist noch etwas ganz entscheidend. Die Wasserversorgung. Am besten eignet es sich hier, wenn du das Regenwasser nutzt. Deine Dachrinne hat ja nun an den Enden meistens ein Fallrohr, an welchem du dein Regenwasser abfangen kannst. Hierfür musst du an dein Fallrohr einfach nur ein Stück mit einer entsprechenden Klappe einbauen oder aber du kürzt das Fallrohr so ein, dass du eine Regentonne darunter stellen kannst. Hier musst du aber darauf achten, wo dein Regenwasser hinläuft, wenn die Tonne voll ist. Je nach Dachfläche und Intensität des Regens kann dies schon binnen weniger Minuten der Fall sein. Wenn nun dein ganzer Hof überflutet wird, dann ist dies natürlich auch nicht Sinn und Zweck der ganzen Sache. Also solltest du hier schon entsprechend schauen, dass kein Schaden durch das Überlaufen deiner Regentonne entsteht. In den meisten Fällen eignen sich hier die 1000 Liter fassenden WPC Container, welche bereits in einem Alugestell sind und oft auch schon mit einem entsprechenden Auslasshahn versehen sind. Natürlich kannst du deinen Hausgarten auch ganz normal mit deinem herkömmlichen Hauswasser bewässern, doch dies bringt natürlich wieder einiges an Kosten mit sich, da du hierfür nicht nur das Wasser zahlen, sondern eben auch die Gebühren für das Abwasser. Die sind in den meisten Fällen sogar noch höher als das Wasser selbst. Vor allem musst du dir ja für deinen Gemüsegarten ohnehin eine Form der Bewässerung überlegen und Regenwasser ist nun einmal die kostengünstigste Möglichkeit. Du wirst oft genug im Jahr Perioden haben, in denen es nicht regnet und in denen dann natürlich auch dein Vorrat an Regenwasser aufgebraucht sein wird. In dieser Zeit wirst du dann ohnehin auf dein Hauswasser zurückgreifen müssen.

Wenn du nun also an die Planung deines Hausgartens gehst, dann solltest du darauf achten, dass dieser so dicht wie nur irgend möglich an deiner Küche gelegen ist, sodass du hier wirklich keine weiten Wege hast und auch unter dem Kochen mal eben schnell in deinen Küchengarten huschen und ein paar frische

Kräuter schneiden kannst. Genau das ist nämlich Sinn und Zweck eines Küchengartens. Dieser Punkt bringt und nun zu einem weiteren wichtigen Detail, dass du beim Planen und Anlegen deines Küchengartens unbedingt beachten solltest. Du sollst also auf kurzen Wegen schnell aus der Küche raus, in den Hausgarten rein und wieder in die Küche gelangen. Das bringt nun bei näherem Überlegen die Tatsache mit sich, dass die Wege zum Küchengarten hin und zwischen den Beeten möglichst gepflastert sein sollten oder aber mit Gehwegplatten ausgelegt sein sollten. Warum? So kannst du auch bei schlechtem Wetter schnell rein und raus ohne, dass du erst noch großartig deine Schuhe wechseln oder lange putzen musst. Hast du deinen Küchengarten in Hochbeeten neben deiner Haustür, dann ist dies natürlich optimal. Vielleicht hast du ja auch eine entsprechend lange Hausfront, die du mit Hochbeeten versehen kannst. Wenn du diese alle auf unterschiedlichen Höhen anlegst und die Fronten verzierst, hast du durchaus wieder nicht nur nützliche, sondern vor allem auch dekorative Elemente.

Was genau du für deinen Hausgarten mit einplanst, bleibt im Grunde genommen allein dir überlassen und richtet sich neben deinem eigenen Bedarf auch danach, welchen Platz du zur Verfügung hast. Auch hier solltest du einfach mal den einen oder anderen Blick darauf werfen, was du am meisten in der Küche brauchst. Wenn es bei dir mehr Paprika gibt als Tomaten, dann ist es sinnvoll, die Tomaten im Gemüsegarten anzubauen und die Paprika eben im Hausgarten. Auf diese Weise solltest du Sorte für Sorte durchgehen und schauen, wo du sie brauchst.

So planst du deine Bewässerung richtig

Natürlich ist es nicht nur wichtig, dass du für deine Beete einen gut sonnigen Platz wählst, vielmehr musst du bei der Wahl des Standortes deiner Beete auch noch die Bewässerung bedenken. Wenn du nun nicht viel variieren kannst beim Anlegen deiner Beete, dann solltest du die Bewässerung entsprechend planen. Hierbei gilt eigentlich der Grundsatz, so effektiv wie möglich und so wenig arbeitsaufwändig wie möglich. Vor allem dann, wenn du deinen Gemüsegarten in einer stattlichen Größenordnung anlegen kannst und willst, macht es nicht viel Sinn, die Beete mit Hilfe einer Gießkanne zu wässern.

Was du nun also alles beachten solltest, wenn du deine Bewässerung planst, das wirst du in dem nun folgenden Kapitel erfahren. Zunächst einmal solltest du dir Gedanken machen, wo du dein Wasser herbekommst. Auch hier macht es nicht unbedingt viel Sinn, das Hauswasser zum Bewässern zu nutzen. Wenn du vielleicht ohnehin schon einen Brunnen hast, dann kannst du mittels eines Hauswasserwerks bewässern und einen ganz normalen Gartenschlauch verwenden. Allerdings brauchst du in diesem Fall dann einen Stromanschluss im Garten oder ein

Solarmodul, welches dir den Strom für dein Hauswasserwerk liefert. Solltest du nun keinen Brunnen im Garten haben, was bei den meisten wohl auch der Fall sein wird, dann solltest du zumindest versuchen, Regenwasser aufzufangen. Hier kann es sinnvoll sein, wenn du dir gleich einen 1000 Liter Tank besorgst, den du an deine Regenrinne koppelst und auf diese Weise das Regenwasser auffangen kannst.

Als grundlegender Rat gilt es ja, dass du dein Regenwasser möglichst am höchsten Punkt deines Gartens sammeln sollst, damit du von hier aus dann bewässern kannst. Dies geht dann auch ganz leicht mit Hilfe kleinerer Bewässerungsgräben, durch die du das Wasser zu den einzelnen Beeten leiten kannst. Dies setzt jedoch voraus, dass du irgendwo am höchsten Punkt deines Gartens auch ein entsprechendes Dach hast. Dies kann natürlich auch dein Gewächshaus oder die Gartenhütte sein, wenn du diese mit einer Regenrinne ausstattest. Auf diese Weise kannst du ganz einfach den Großteil des Wassers für deinen Gemüsegarten auffangen. Du kannst natürlich auch einen entsprechend großen Container oder eine Regentonne am Haus aufstellen, in welcher du das Regenwasser auffängst. Auch hier kannst du dann mit einer Pumpe und einem Gartenschlauch die Bewässerung deiner Gemüsebeete vornehmen.

In den meisten Fällen ist es nicht sinnvoll, eine Bewässerung mit der Gießkanne vorzunehmen, da hier bei meist doch größeren Gemüsegärten der Aufwand in keinem Verhältnis mehr stehen würde. Die jeweiligen Gegebenheiten sind natürlich bei jedem verschieden. Dennoch musst du immer daran denken, dass du dir so wenig Arbeit wie nur möglich machst. Du kannst auch statt mit einem Gartenschlauch auch mit einem Rasensprenger arbeiten, um deine Beete zu wässern. Du solltest bei der Bewässerung deiner Beete jedoch auch bedenken, dass du diese nach Möglichkeit vor allem im Sommer nicht in der höchsten Mittagshitze vornimmst. Am besten ist es am Morgen oder am Abend. Du kannst natürlich auch mit Bewässerungsgräben arbeiten, welche du seitlich deiner Beete anlegst und die dann beispielsweise auch das Regenwasser aufnehmen und nach und nach an die Beete abgeben. Auf diese Weise sparst du dir nach einem ausgiebigen Regenguss durchaus für ein paar Tage sparen.

Wenn du deine Bewässerung und das gesamte System planst, dann musst du immer auch darauf achten, welche deiner Gemüsesorten den meisten Wasserbedarf haben. Hier gilt die Faustregel, je mehr weiches Fleisch die Sorten haben, umso mehr Wasser brauchen die Pflanzen im Schnitt. Daneben gibt es auch Sorten, die dir den einen oder anderen Tag ohne Wasser durchaus mal verzeihen können. Vor allem jedoch solltest du gerade im Sommer lieber mehrmals weniger gießen als einmal richtig viel.

Ist der Boden recht trocken, dann läuft das meiste Wasser weg, der Boden ist nicht in der Lage, das Wasser direkt zu speichern. Es gibt moderne Bewässerungsgeräte und auch Rasensprenger, die sich mittels Timer steuern lassen, so kannst du diese beispielsweise so einstellen, dass sie am Vormittag und am Abend jeweils eine viertel Stunde wässern ohne dass du etwas machen musst. Einzig auf den Wasserstand in deiner Tonne musst du stets achten, denn ist diese leer, kann das zu mehr oder weniger starken Schäden an deiner Pumpe führen.

Das musst du über deinen Boden wissen

Auch wenn in deinem Garten vielleicht der schönste Rasen der ganzen Nachbarschaft in einem satt saftigen Grün erstrahlt, so heißt das noch lange nicht, dass du einen besonders guten Boden hast, der sich auch optimal für den Gemüseanbau eignet. Auch wächst und gedeiht nicht jede Sorte an Gemüse gleich in demselben Boden. Das bedeutet für dich, du musst dir deinen Gartenboden zunächst einmal recht gründlich anschauen. Das ist im Grunde genommen viel leichter als du jetzt denkst.

In erster Instanz einmal solltest du dich mit einem Spaten bewaffnet auf den Weg in den Garten machen und an verschiedenen Stellen mal kleinere Löcher ausheben. Vergiss aber bitte nicht, diese wieder zu schließen, sie sind nämlich überaus boshafte Stolperfallen. Ein guter Gartenboden sollte leicht und locker sein, sollte luftdurchlässig sein. Ein gutes Indiz für einen fruchtbaren Boden sind viele Regenwürmer. Diese lockern dir die Erde durchaus auch gründlich auf. Das ist wichtig, damit sich die zarten Wurzeln deiner Setzlinge später auch vollkommen frei und ungehindert ausbreiten und zu stattlichen Pflanzen heranwachsen können. Je weniger Regenwürmer du im Garten hast, desto mehr Arbeit hast du mit der Aufbereitung deines Bodens.

Ein besonders lehmiger Boden ist für die meisten Gemüsesorten ebenso ungeeignet wie ein Boden, der extrem viele Steine enthält. Hier solltest du vor allem größere Steine in jedem Fall gründlich entfernen. Zudem solltest du darauf achten, die Wurzeln von Brennnesseln und Disteln sowie der Ackerwinde wirklich gründlich, restlos und großräumig zu entfernen. Diese Pflanzen nehmen deinem Gemüse nicht nur den Platz für das Wachstum, sie rauben ihnen auch einen Großteil der Nährstoffe und Mineralien aus dem Boden. Abgesehen davon sind sie für dich bei deiner Gartenarbeit äußerst lästige Störenfriede. Wenn du vollkommen auf Nummer sicher gehen willst, dann nimmst du mal an verschiedenen Stellen deines Gartens Bodenproben und lässt diese im Labor analysieren. Das macht vor allem dann wirklich Sinn, wenn du deinen Garten in der Nähe eines Industriegebietes hast oder eine Chemiefabrik, ein Flughafen oder dergleichen in der Nähe ist.

Was musst du also grundlegend über deinen Boden wissen? Du musst sicherstellen, dass er sich für den Gemüseanbau eignet und musst ihn ansonsten entsprechend vorbereiten. Wie diese Vorbereitung im Einzelnen ausschauen kann, werden wir im nächsten Kapitel einmal genauer betrachten. Neben der möglichen Schadstoffbelastung musst du also schauen, ob dein Boden locker ist und in der Lage, Wasser zu speichern. Die Wurzeln sollten sich frei und ungehindert entfalten können und du solltest darauf achten, keine Schadlarven im Erdreich zu haben. Hierzu zählen vor allem die Egerlinge, also die Maikäferlarven. Diese können dir deine Ernte ruinieren, bevor die ersten Pflanzen überhaupt richtig gewachsen sind.

Wenn du deine Probelöcher im Garten gräbst, dann achte in jedem Fall auch darauf, dass hier nicht noch das Wurzelwerk von Bäumen sein Unwesen treibt. Oft wurzeln Bäume sehr breit gefächert. Du findest auch in vielen Fällen noch ein dickes Wurzelwerk von Bäumen und Sträuchern, die schon vor Jahren entfernt wurden. Diese müssen natürlich auch aus dem Boden heraus, sonst hast du mit deinem Vorhaben Gemüsegarten einen schlechten Start. Hast du nun also deinen Boden entsprechend unter die Lupe genommen und die gröberen Hindernisse entfernt, dann geht es an die eigentliche Bodenvorbereitung. Wie genau du hierbei im Einzelnen vorgehst, das Werden uns jetzt einmal genauer anschauen. Du wirst sehen, es ist alles gar nicht so kompliziert, wie du dir jetzt vielleicht vorstellen magst.

Die richtige Bodenvorbereitung

Obgleich du sicher schnell deine ersten Gemüsepflanzen in die Erde bringen willst, solltest du dir doch in jedem Fall gerade für die Vorbereitung deines Bodens entsprechend viel Zeit nehmen. Dein gut vorbereiteter Boden ist nahezu die gesamte Basis für den Erfolg deines Gemüseanbaus und dementsprechend solltest du hier auch besondere Sorgfalt walten lassen. Hier kommt es im ersten Schritt zunächst einmal darauf an, aus deinem Garten einen Gemüsegarten zu machen. Du musst also deine Beete anlegen. In den meisten Fällen wirst du sicher noch eine ausgiebige Rasenfläche haben, die es nun zu verwandeln gilt. Um aus deiner Grünfläche Beete zu machen, hast du verschiedene Möglichkeiten. Wenn du auf Hochbeete setzt, dann wirst du dich sicher um einiges leichter tun, da du hier entweder fertige kaufen oder die Rahmen für deine Beete selbst machen kannst. Du brauchst sie dann eigentlich nur noch an die entsprechenden Stellen im Garten bringen und auffüllen. Das ist die einfachste und leichteste Möglichkeit, Beete anzulegen.

Falls du jedoch nicht oder nicht ausschließlich auf Hochbeete setzen möchtest, dann hast du im Grunde genommen zwei Möglichkeiten, aus deiner Rasenfläche Beete zu machen. Wie so oft im Leben findet sich hier neben einer relativ leichten Variante auch eine Variante, die etwas arbeitsintensiver ist. Schauen wir uns doch einfach beide einmal an und dann kannst du ganz einfach selbst entscheiden, welche der beiden Möglichkeiten für dich am ehesten in Frage kommt.

Bei der ersten Variante ist einiges an Muskelkraft gefragt. Hier steckst du die Fläche ab, auf der künftig deine Beete sein sollen und beginnst die obere Grasnarbe auszustechen. Hier solltest du in etwa, je nachdem wie dein eigentlicher Boden beschaffen ist, gute 15 bis 20 Zentimeter tief arbeiten. Soll das Beet für Gemüsesorten dienen, die tief Wurzeln dann musst du, wenn du einen sehr festen Boden hast, hier auch entsprechend tiefer gehen. Beim Ausheben deiner Beete beachtest du am besten gleich die jeweiligen Trittränder, also die Gehwege zwischen dem einzelnen Beet abteilen. Diese brauchst du nicht so tief ausheben. Hier reicht es wirklich, wenn du nur die obere Grasnarbe abträgst. Ansonsten werden deine künftigen Beete für eine ertragreiche Ernte nur noch mit einem guten Humus und Kompost aufgefüllt. Was genau du hier als Kompost und Düngemittel nehmen kannst, das Schauen wir uns an späterer Stelle noch einmal genauer an. Auch wirst du im nächsten Kapitel noch einige wichtige Dinge zu den verschiedenen Arten an Erde lernen, sodass wir hier der Einfachheit halber erst einmal von Humus reden. Im Grunde genommen sind deine Beete nach diesen Schritten schon bereit für den Ernst des Lebens. Noch ein kleiner Nachtrag zu dieser Art der Beet Anlage. Deine ausgestochenen Grasnarben musst du nicht wegwerfen, diese kannst du ganz einfach recyceln indem du sie übereinander stapelst und als Hochbeet nutzt oder aber du füllst mit ihnen deine selbst gebauten Hochbeete Achte hier jedoch bitte in jedem Fall unbedingt immer darauf achten, dass die ausgestochenen Platten mit der Grasseite nach unten weiter verarbeitet werden. Andernfalls hättest du in deinem Hochbeet schon sehr bald wieder zwar einen saftig grünen Rasen aber nicht wirklich eine ertragreiche Gemüseernte.

Die nächste Variante, wie du deine Beete anlegen kannst, erfordert von dir auch wieder einiges an Arbeit, aber diesmal eben nicht allzu viel Muskelkraft. Hierbei brauchst du jede Menge Zeitungen, besser noch Kartonagen. Mit ihnen deckst du die künftigen Beet Flächen gut ab und packst eben erst dann deinen Kompost und Humus, also deine Erde drauf. Der Hintergrund ist hierbei, dass du wenig Muskelaufwand hast aber dennoch das vorhandene Gras nicht mehr durchwachsen kann. Dies ist eine sehr schnelle und leichte Form, deine Beete anzulegen, allerdings unterschieden sich hierbei deine Beete in ihrer Höhe von der restlichen Fläche und du musst stets gut aufpassen, dass du dir dein Erdreich nicht verträgst. Zwar steht es in den meisten offiziellen Anleitungen nicht mit drin, dennoch solltest du hier, um auf Nummer sicher zu gehen, noch eine Beet Einfassung integrieren, damit dir dein wertvoller Boden nicht wegsackt.

Du siehst, du hast verschiedene Wege, um die Beete für deinen Gemüsegarten anzulegen. Dies sei an der Stelle aber nur einmal vorweggeschickt. In diesem Kapitel geht es im Grunde genommen darum, wie du deinen Boden für den Gemüseanbau vorbereiten kannst. Klar, ohne Beete hast du nichts, was du vorbereiten kannst. Also schauen wir uns im Folgenden einmal an, wie du bereits vorhandene Beete für den Anbau vorbereiten musst, denn eine gute und gründliche Vorbereitung ist die Grundlage einer guten Ernte. Demnach ist dies für dich in deinem Gartenjahr nicht nur ziemlich der erste Schritt, sondern zugleich auch der wichtigste und sollte demnach auch mit großer Sorgfalt vorgenommen werden.

Wenn du nach dem Winterfrost deinen Boden für die kommende Gartensaison vorbereiten willst, dann tust du dies in der Regel in drei bis vier Schritten. Zunächst einmal lockerst du deinen Boden auf, indem du ihn umgräbst und dabei schon eventuell noch vorhandene Wurzeln aus dem Vorjahr entfernst. Auch eventuell neu wachsendes Unkraut solltest du bei dieser Gelegenheit ebenso entfernen wie Steine, die du im Vorjahr vielleicht übersehen hast. Beim Graben solltest du gründlich vorgehen und darauf achten, dass die einzelnen Schollen nicht zu groß sind, das erleichtert die im weiteren Verlauf die Arbeitsschritte. Von der Tiefe her ist es vollkommen ausreichend, wenn du eine Spatenlänge tief in den Boden gehst.

Wenn du nun deinen Boden in diesem ersten Schritt aufgelockert hast, solltest du natürlich noch entsprechend Dünger mit einbringen, bevor du den nächsten Schritt gehst, Hier kommt es dir zugute, wenn du bereits einen Kompost angelegt hast, den du nun einbringen kannst. Welche weiteren Möglichkeiten des Düngens du noch hast, erfährst du weiter unten in einem eigenen Kapitel noch genauer. Dann kannst du dir die für dich optimale Möglichkeit selbst aussuchen. Achte jedoch auch hier wieder darauf, dass du Sorten mit unterschiedlichen Ansprüchen hinsichtlich der Nährstoffe und der Mineralien hast. Somit solltest du bei deiner Bodenvorbereitung bereits wissen, welche Sorte in deiner Fruchtfolge dieses Jahr in welchem Beet steht. Wenn du nun jedoch das erste Mal deine Beete vorbereitest, dann ist es ratsam, den gesamten Boden gut vorzubereiten, da dieser in den vergangenen Jahren aller Wahrscheinlichkeit nach nicht mit Nährstoffen und Mineralien präpariert wurde.

Nachdem du nun also deinen Dünger eingebracht hast, musst du diesen natürlich wieder mit umarbeiten, was du durch ein erneutes Umgraben erreichst. Auf diese Weise schaffst du deinen Dünger also unter die Erde und hast nun oben im Idealfall deine nochmal zerkleinerten Schollen. Diese werden nun im weiteren Verlauf eingeebnet, was du mit Hilfe einer Harke erreichst. Sicher musst du den einen oder anderen Erdbrocken zerkleinern, um ihn zurecht harken zu können, doch nach zweimaligem Umgraben sollte dies leicht gehen. Bei diesem Arbeitsschritt solltest du sorgsam zu Werke gehen und hartnäckige Erdbrocken, die sich nicht zerkleinern lassen, entfernen.

Im Grunde genommen bist du nun eigentlich schon fertig. Der letzte Schritt ist sinnvoll, aber nicht zwingend nötig. Du kannst nun schon beigehen und deine späteren Pflanzreihen präparieren, indem du mit einer Hacke beispielsweise schon die Rillen ziehst, in die später deine Samen oder Setzlinge kommen sollen. Das macht allerdings nur dann Sinn, wenn du zeitnah mit dem Anbau beginnen willst. Wenn nicht, werden deine Pflanzreihen wohl ohnehin nicht mehr erkennbar sein und du kannst diesen Schritt dann direkt beim Anpflanzen oder Ansäen durchführen.

Es ist, wie du siehst, gar nicht wirklich schwer, den Boden gut vorzubereiten und somit den Grundstein für eine satte Ernte zu legen. Was du hier an Sorgfalt walten lässt, spart dir im weiteren Verlauf des Gartenjahres viel an Arbeit. Du solltest dir also gerade für diesen Schritt auch die notwendige Zeit nehmen und entsprechende Sorgfalt walten lassen. Du wirst sicher im Laufe deines Gärtnerlebens auch hier den einen oder anderen eigenen plan verfolgen und vielleicht auch einfach dein eigenes Konzept entwickeln, doch das kommt alles von alleine mit der Zeit. Schauen wir uns nun einmal an, welche Möglichkeiten du im Bereich der Erde hast. Hier findest du eine große Auswahl.

Diese Arten an Erde gibt es

Wenn du dir deinen Gemüsegarten anlegen willst, dann benötigst du hierfür schon eine gute Menge an Erde. Die wohl einfachste und kostengünstigste Möglichkeit ist es, wenn du dir einfach guten Humus besorgst, den du ausbringst. Allerdings solltest du diesen nicht unbedingt in Säcken kaufen, sondern direkt mit dem Hänger an eine Kompostieranlage fahren. Hier bekommst du zum einen entsprechend große Mengen und zahlst zum anderen nur einen Bruchteil von dem, was du im Handel für die einzelnen Säcke zahlen würdest. Doch neben dem Humus hast du noch weitere Möglichkeiten, die wir uns hier einmal anschauen.

Humus ist im Bereich der verschiedenen Erden wohl nach wie vor der absolute Klassiker. Hierbei handelt es sich im Grunde genommen um eine bereits grundgedüngte Erde. Gewonnen wird Humus aus den verrotteten Bestandteilen eines Komposthaufens. Du kannst dir also im weiteren Verlauf deines Gärtnerlebens selbst deinen Humus herstellen, wenn du deinen Komposthaufen entsprechend einmal oder gar zweimal im Jahr umwälzt. Unten findest du den Humus, er ist erkennbar dunkel und enthält bereits eine gute Portion an Nährstoffen und Mineralien.

Pflanzerde ist ähnlich zu sehen. Sie ist sackweise erhältlich und wird in den meisten Fällen, wie auch eine **Anzuchterde** genutzt, um Kulturen in Töpfen vorzuziehen. Sei dies aus Samen oder bei der Heranzucht bereits bestehender Setzlinge. Der Unterschied zum Humus besteht in dem höheren Düngeanteil. Diese Spezialerde ist also mit einem weit höheren Anteil an Nährstoffen versetzt, die den Sprösslingen ein entsprechend gutes und auch schnelles Wachstum ermöglicht. Allerdings hat diese Spezialerde durchaus ihren Preis, sodass du sie wirklich nur zur Anzucht in Töpfen nutzen solltest, da es ansonsten doch ein zu hoher Kostenfaktor wäre.

Bio- Kräutererde wird dir sicher auch das ein oder andere Mal auffallen. Hierbei handelt es sich um eine Spezialerde die, wie schon ihr Name sagt, rein biologisch ist und in erster Linie für den Anbau von Küchenkräutern gedacht ist. Die Besonderheit dieser Erde liegt darin, dass die keine Torfbestandteile enthält, wie es bei vielen anderen Sorten der Fall ist. So soll diese Erde den Küchenkräutern ein ganz besonders würziges und natürliches Aroma geben. Demnach ist natürlich auch der Preis nicht ganz ohne.

Kokoserde ist ein weiterer Geheimtipp unter Gärtner, Diese nicht ganz billige Spezialerde hat durchaus ihre Vorzüge. Sie besticht nicht nur durch ihre leichte und luftige Konsistenz, vielmehr ist sie auch frei von jeglichen Pilzen, die sich in herkömmlichen Erden, gerade auch im Humus immer mal wiederfinden lassen. Wenn wir es genauer betrachten, ist die Kokoserde streng genommen eigentlich gar keine Erde, vielmehr handelt es sich hier um die gemahlenen und getrockneten fasern der Schale einer Kokosnuss. Dennoch schwören vor allem viele Hobbygärtner auf diese Form der Pflanzgrundlage. Dies liegt sicher nicht zuletzt auch daran, dass es hier um ein hundertprozentig organisches Produkt handelt, welches demnach natürlich auch vollkommen und restlos biologisch abbaubar ist. Eine weitere Besonderheit dieser Erde liegt darin, dass sie getrocknet geliefert wird. Du musst sie also vor der Verwendung erst einmal gründlich wässern, was dafür sorgt, dass sich ihr Volumen vervielfacht. Somit brauchst du hierbei unterm Strich sicher weit weniger als wenn du herkömmliche Erde kaufst. Inwieweit sich dies für dich und deinen Garten rentiert, im Vergleich zum Humus, musst du natürlich selbst entscheiden.

Wenn du dich auf dem Markt einmal in Ruhe umschaust, dann wirst du eine Vielzahl verschiedener Spezialerden finden. Neben Tomatenerde findest du auch für Kräuter eine Spezialerde, für Blumen ohnehin. Nicht alles, was auf dem Markt als Wundermittel angepriesen wird, hat auch wirklich einen Sinn oder einen höheren Nutzen. Ratsam ist in jedem Fall, dass du dich gerade am Anfang nicht auf unüberschaubare Experimente einlässt. Möchtest du das eine oder andere ausprobieren, dann sollte dies in kleinem Rahmen geschehen. Nichts wäre für dich als Anfänger schlimmer, als wenn du gleich in deinem ersten Gartenjahr herbe Rückschläge einstecken musst.

Lass dich nicht von der Werbung leiten, gehe deinen eigenen Weg und halte dich zumindest in deinen ersten zwei Jahren schlichtweg an den klassischen Weg. Das gilt nicht nur für das Konzept deines Gartens, sondern eben auch für den Boden und nicht minder für deine Düngung. Was es mit dem Thema Düngemittel auf sich hat und wie du hier wunderbar auf die chemischen Keulen verzichten kannst, das Schauen wir uns im folgenden Kapitel genauer an. Auch hier hast du viele Möglichkeiten und kannst angesichts der am Markt angepriesenen Mittel schnell den Überblick verlieren.

Welche Möglichkeiten des Düngens du hast

Dein Boden braucht einen guten Dünger, der ihn mit Nährstoffen und Mineralien versorgt, wenn er aus deinen Samen und Setzlingen einen reichen Ertrag zaubern soll. Auch hier wirst du, ähnlich wie bei den zahlreichen Sorten an Erde viele Sorten Spezialdünger finden, der dir immer eine besonders gute Ernte verspricht. Sicher hast du von dem einen oder anderen Dünger durchaus auch schon mal etwas gehört. Grundlegend, bevor wir uns anschauen, welche Möglichkeiten des Düngens du hast, werfen wir mal ganz allgemein einen Blick darauf, worauf es bei einem guten Dünger für den Gemüsegarten ankommt.

Zunächst einmal dürfte in diesem Zusammenhang durchaus klar sein, dass es sich um einen natürlichen Dünger handeln sollte, der frei ist von jeglichen chemischen Bestandteilen. Andernfalls könntest du ja direkt das gespritzte Gemüse aus dem Discounter kaufen. Ein weiterer wichtiger Punkt bei der Wahl des richtigen Düngers ist die Tatsache, dass er seine Bestandteile, die für das Wachstum deiner Pflanzen so wichtig sind, nach und nach abgibt und nicht auf einmal in großer Menge ausschüttet. Nur so ist die Langzeitversorgung deiner Pflanzen sichergestellt. Andernfalls würden sich die Nährstoffe und Mineralien mit dem ersten Regenguss verabschieden, weil sie einfach davon geschwemmt werden würden.
Wie du bereits im Kapitel über die Bodenvorbereitung erfahren hast, ist es am besten, wenn du deinen Dünger hierbei direkt schon mit in den Boden gibst. Auf diese Weise kann er bereits die Erde quasi impfen bis die ersten Pflanzen kommen. Du kannst hier natürlich im Laufe des Gartenjahres durchaus auch noch mal nachdüngen, zumindest die Pflanzen, die einen entsprechend hohen Nährstoffbedarf haben. Schauen wir uns nun jedoch einmal an, welche Dünger du am besten nutzen solltest.
Im Zuge deiner Bodenvorbereitung arbeitest du am besten einen

guten Teil **Kompost** mit ein. Alternativ eignen sich hier jedoch auch frischer Grasschnitt, den du so früh im Jahr wahrscheinlich noch nicht hast, Laub oder auch kleine grüne Astschnitte. Kompost ist nach wie vor die effektivste und günstigste Art der Düngung, vor allem dann, wenn du dir selbst einen Kompost anlegst.

Rindenmulch eignet sich nur bedingt als Dünger für deinen Gemüsegarten. Hierbei handelt es sich zwar grundlegend um einen sehr effektiven Gartendünger, dennoch kann es dir durchaus passieren, dass er den Geschmack deines Gemüses beeinträchtigt. Hieran solltest du in jedem Fall denken. Für Blumen und dergleichen ist es jedoch ein besonders guter Dünger, der sich gerade auch für die Wintervorbereitung bestens bewährt hat, da er nicht nur düngende, sondern eben auch leicht wärmende und isolierende Eigenschaften hat.

Auch **Torf** ist mit Vorsicht zu genießen, zumindest bei Küchenkräutern und Gemüse mit weichem Fleisch. Für feste und vor allem späte Sorten kannst du ihn allerdings durchaus in kleineren Mengen als Dünger verwenden. Bedenken musst du hierbei allerdings, wie auch beim Rindenmulch, dass beide Arten Dünger deinen Boden leicht sauer machen, wenn du zu viel davon verwendest. Aus diesem Grund sollten beide Dünger zumindest anfänglich nicht deine Mittel der ersten Wahl sein.

Mist ist nicht nur ein sehr beliebter und weit verbreiteter, sondern auch ein besonders effektiver Dünger. Am besten eignen sich hier Pferdemist und abgelagerter Hühnermist. Sie dienen dir auch dazu, vor dem Winter beispielsweise deine Pflanzen, die du vor grobem Frost schützen möchtest, abzudecken. Du kannst also bei der Vorbereitung deines Bodens statt Kompost durchaus auch Mist verwenden, um deinen Boden zu düngen. Achte hierbei jedoch darauf, dass es sich um Strohmist handelt. Oft werden Pferde mit Sägespänen eingestreut. Diese wiederum machen deinen Boden auf lange Sicht sauer.

Wenn du im laufenden Gartenjahr noch einmal düngen möchtest, dann kannst du dies besonders gut mit sogenannter **Jauche** tun. Diese kannst du dir ganz leicht selbst herstellen. Alles was du brauchst ist ein kleines Fass und dann eine Gießkanne. Du kannst grundsätzlich eine Jauche mit leicht düngender Wirkung herstellen, indem du einfach deine gezupften Unkräuter in das Fass gibst und sie mit Wasser aufgießt. Das Ganze kannst du locker zwei bis drei Wochen stehen und ziehen lassen und dann deine zu düngenden Pflanzen damit gießen. Dies ist immer dann gut, wenn du deinen Boden bei der Vorbereitung bereits gut mit Mist oder Kompost gedüngt hast. Zu viel Dünger kann für das Wachstum der Pflanzen ebenso schädlich sein wie zu wenig Dünger.

Wenn du einzelne Pflanzen oder Beete effektiv düngen willst, dann solltest du auf Brennnesseln setzen, welche du ebenso als Jauche ansetzen kannst. Sie sind ein wahrer Booster für deine Pflanzen, und zwar nicht nur für dein Gemüse, sondern für alle deine Blumen und auch deine Kräuter. Natürlich kannst du auch aus Mist eine Jauche herstellen. Das solltest du aber nur dann tun, wenn du im Vorfeld nicht schon Mist in den Boden eingebracht hast. Im Gegensatz zur reinen Unkrautjauche ist nämlich die Mistjauche ebenso gehaltvoll wie die aus Brennnesseln

Du siehst, im Grunde genommen brauchst du gar nicht auf industriell hergestellten und gekauften Dünger zurückgreifen. Alles, was du brauchst, kannst du dir selbst herstellen oder findest du ohnehin in deinem Garten oder Haushalt. Gerade auch beim Thema Düngen sind wir wieder bei der Permakultur, deren Philosophie oder besser gesagt deren Grundlage ja der intakte Kreislauf ist. Nichts sollte ungenutzt bleiben. Auf diese Weise kannst du nicht nur den für deinen Boden passenden Dünger wunderbar selbst produzieren, du kannst natürlich auch genau auf dessen Bedürfnisse Rücksicht nehmen. Brauchen deine Tomaten im Kübel einen winzigen Schub Dünger, nimmst du eine Unkrautjauche, brauchen deine Pflanzen den ultimativen Booster, reich an Stickstoff und Kalium kommt die Brennnesseljauche zum Einsatz. Aus deinen Brennnesseln im Garten kannst du dir übrigens auch wunderbar einen Tee zubereiten. Doch das nur mal ganz am Rande erwähnt.

Du wirst im Laufe der Zeit wirklich auch ein Gespür dafür bekommen, was deine Pflanzen brauchen und deine Arten an Dünger durchaus auch miteinander zu kombinieren lernen. Das alles kommt im Laufe der Zeit von ganz allein, wenn du erst einmal die Grundlagen verinnerlicht hast, dann kommt der Rest auch nach und nach. Auch hier wirst du sicher das eine oder andere probieren und während du manch eine Idee wieder verwerfen wirst, stellt sich eine andere als brillant heraus.

Gemüse aus dem Minigarten – Platz ist in der kleinsten Hütte

Du träumst schon lange von deinem eigenen Gemüsegarten, hast aber keinen Platz? Das kann nicht sein. Selbst wenn du nur einen ganz kleinen Garten, eine Terrasse oder einen Balkon hast, musst du nicht auf deinen eigenen Gemüseanbau verzichten. Klar, in diesem Fall kannst du dich bei Weitem nicht so ausbreiten, wie du es in einem großen Garten könntest. Dennoch wirst du erstaunt sein, welch guten Erträge du auch auf engstem Raum erzielen kannst.

Wenn du nur einen kleinen Garten hast, dann kannst du dich hier im Grunde genommen fast ebenso austoben, wie du es in einem großen Garten tun würdest. Deine Beete sind eben nur kleiner. In diesem Fall ist es ratsam, wenn du deine Küchenkräuter möglichst im Haus auf der Fensterbank ziehst. Tomaten und Salat solltest du an der Hauswand in schmalen Hochbeeten pflanzen. Hochbeete sind bei begrenztem Platzangebot ohnehin die bessere Alternative, da du auch hier wunderbar dann Mischkulturen anpflanzen kannst. Vor allem an der Hauswand entlang hast du die Möglichkeit, deine Hochbeete stufenförmig anzulegen. Was du an Grundfläche nicht zur Verfügung hast, kompensierst du hier einfach, indem du in die Höhe gehst. Logischerweise musst du hier darauf achten, dass deine einzelnen Stufen, also die jeweiligen Beete an sich nicht zu hoch werden. Du sollst ja am Ende nicht auch noch eine Leiter brauchen, um ernten zu können.

Das gilt so auch dann, wenn du einen Balkon hast. Hier kannst du wunderbar auch die Wände nutzen, Rank Gitter anbringen und in Töpfen oder Eimern Tomaten setzen, die dann am Spalier wachsen können. Selbst Kartoffeln kannst du auf dem Balkon anbauen. Das ist nicht einmal schwer und vor allem brauchst du dazu nicht mehr als maximal einen Quadratmeter Platz, möglichst einen sonnigen Platz. Schauen wir uns nun einmal an, was du alles auf dem Balkon oder der Terrasse erreichen kannst.

Grundsätzlich kannst du auch auf einem Balkon nahezu alles anbauen. Auch hier steht natürlich zunächst einmal die Planung auf dem Programm. Du gehst hierbei ebenso vor, wie in einem Garten, nimmst dir Zettel und Stift und zeichnest dir alle

Elemente, die feste verbaut sind rot ein und überlegst dir, welche Elemente deinen Beeten weichen können. Besonders schmale Hochbeete lassen sich hier in diesem Zusammenhang auch wunderbar als Umrandung deines Balkons oder auch deiner Terrasse nutzen. Auch kannst du zudem noch die Bodenfläche nutzen und hier deine Beete beispielsweise in Form einer Pyramide übereinanderstapeln. Du wirst erstaunt sein, wie viel Platz du letztlich zur Verfügung haben wirst, wenn du alles optimal nutzt. Beim Pyramidensystem geht dir zwar im unteren Beet ein wenig Platz verloren, das macht jedoch absolut nichts. Hier setzt du Kulturen an, die eben weniger Platz zum Ausbreiten brauchen, wohl aber eine gesunde Tiefe im Beet für ihre Wurzeln benötigen. Da kannst du beispielsweise Gurken pflanzen, Tomaten wären auch denkbar. Aber auch Kletterzucchini sind hier bestens aufgehoben. Auberginen sind ebenso denkbar wie Melonen oder sogar Kürbisse. In den oberen Bereichen sind dann Pflanzen wie Paprika, Erbsen oder auch Bohnen bestens aufgehoben.

Schauen wir uns nun also einmal an, wie es dir gelingt, auf dem beengten Platz deines Balkons auch Kartoffeln anzubauen. Diese kannst du auch auf kleinstem Raum mit einem erstaunlich hohen Ertrag anbauen. Du brauchst hierfür nicht einmal viel. Lediglich einen reißfesten Sack und Erde. Du musst eigentlich nur den Boden deines Sackes mit Erde füllen und in diese Erde dann ein

paar Kartoffelpflanzen hineingeben. Das obere Ende des Sackes rollst du fest ein und achtest auf genügend Sonne. Jetzt wartest du schlichtweg, bis sich die ersten Triebe durch den Sack nach außen schieben. Dann wiederholst du diese Prozedur, indem du den Sack wieder aufrollst, Erde und Kartoffelpflanzen hineingibst und das obere Ende wieder fest einrollst. Dies wiederholst du solange, bis der Sack randvoll gefüllt ist. Der Vorteil an dieser Methode ist nicht allein die, dass du so sehr platzsparend anbauen kannst, vielmehr hast du auch einen besonders hohen Ertrag, da die Knollen immer neue Wurzeln ausbilden. Aus diesen werden dann logischerweise Kartoffeln und du erreichst einen enormen Ertrag.
Kombinieren kannst du deinen platzsparenden Gemüseanbau auch mit sogenanntem Säulenobst, das deinen Anbau enorm bereichern wird. Diese kleinen Bäumchen sind nicht nur hübsch anzusehen, sie bringen auch eine Menge Früchte. Allerdings ist dies nicht nur für den Anbau auf deinem Balkon oder deiner Terrasse geeignet, auch im Gemüsegarten selbst setzt Säulenobst nette Akzente und bringen Abwechslung in das Bild.

Es ist also, wie du siehst, überhaupt kein Problem, wenn du nur begrenzte Platzmöglichkeiten hast, aber dennoch den Schritt in den Gemüseanbau gehen willst. Du kannst auf dem Balkon oder der Terrasse genauso Salat und Karotten anbauen wie auch Lauch und Steckzwiebeln. Du solltest hier nach der Ernte der frühen

Gemüsesorten jedoch nahtlos in den Anbau der Spätsorten übergehen, um eine dauerhaft ertragreiche Ernte zu erzielen. Hierbei sind im Grunde genommen deiner Fantasie keine Grenzen gesetzt. Auch auf dem Balkon kannst du nahezu alles anbauen, was dein Herz begehrt. Voraussetzung ist jedoch, dass dieser eine optimale Süd-West-Ausrichtung hat. Klar, du kannst deinen Balkon nicht versetzen. Auch wenn dein Balkon nach Norden hin ausgerichtet ist, hast du vielfältige Möglichkeiten mit dem Anbau, der Ertrag ist dann zwar nicht so enorm, dennoch kannst du auch hier erfolgreich anbauen.

Die wichtigsten Gemüsesorten im Überblick

Wenn du nun anfangs noch nicht wirklich einen Plan davon hast, was du alles anbauen möchtest oder dir nicht sicher bist, ob das, was du pflanzen möchtest, dir auch auf Anhieb gelingt, dann wird dir zunächst die folgende Übersicht ein wenig Hilfe sein. Sicher wirst du dich im Laufe der Zeit an immer schwierigere Sorten wagen, doch solltest du dich gerade im ersten Jahr nicht übernehmen. Stecke lieber kleinere Ziele, dann wirst du dich umso mehr über die Erfolge freuen. Schauen wir uns also einmal an, was so die wichtigsten Gemüsesorten sind und worauf es bei ihnen ankommt. Um dir die Orientierung in der nachfolgenden Auflistung zu erleichtern, werden wir diese alphabetisch anordnen.

Die **Aubergine** gehört mit zu den Klassikern im Gemüsegarten und ist überdies auch noch besonders gesund. Sie ist äußerst fettarm und sehr schmackhaft. Angebaut wird die Aubergine bereits im ganz frühen Frühjahr, am besten in Töpfen vorgezogen. Die Ernte erstreckt sich dann vom Sommer bis in den Herbst hinein. Sie braucht in jedem Fall einen nährstoffreichen Boden und viel Sonne.

Die **Erbse** ist ebenfalls aus keinem Gemüsegarten wegzudenken. Halbschattig bis sonnig sollte sie in jedem Fall stehen und obgleich Erbsen recht anspruchslos sind, brauchen sie einen lockeren Boden für die gesunde Entwicklung ihrer Wurzeln. Bezüglich der Nährstoffe liegt die Erbse im mittleren Bereich, braucht also schon ein wenig was an Dünger, aber eben nicht allzu viel. Ab Ende März bereits kann die Aussaat direkt ins Freie erfolgen und die Ernte beginnt bereits im Frühsommer.

Auch die **Gurke** sollte in keinem Gemüsegarten fehlen. Mit ihrem besonders hohen Gehalt an Vitamin C ist sie nicht nur schmackhaft, sondern überdies auch noch sehr gesund. Bereits am Ende April bis Mitte Mai können die Gurkenpflanzen ins Freiland gesetzt werden. Die Erntezeit verlängern kannst du bei Gurken ganz einfach, indem du sie mit Einsetzen der Erntezeit noch einmal mit Jauche düngst. Auf diese Weise steigerst du den Ertrag und verlängerst die Ernteperiode.

Karotten sind natürlich eine unabdingbare Grundausstattung im Gemüseanbau. Du kannst dieses beliebte Gemüse entweder auf der Fensterbank vorziehen oder direkt ab März bis April, je nach Witterung ins Freiland säen. Die Karotten bevorzugen einen lockeren, jedoch leicht sandigen Boden, sodass du hier dein Beet entsprechend mit einer Schicht Sand versehen musst.

Die **Kartoffel** gehört ebenfalls nicht nur zu den absoluten Grundnahrungsmitteln, sondern auch zu den beliebten Sorten im Gemüsegarten. Außer auf einen lockeren und gut gedüngten Boden musst du auf eine wenig Dünger achten, damit die Kartoffeln auch entsprechende Wurzeln ausbilden können. Doch auch dann, wenn du einen entsprechend lockeren Sandboden oder einen nicht zu festen Lehmboden hast, kannst du erfolgreich Kartoffeln anbauen. Wenn du deine Kartoffeln bereits ab Anfang März zum Keimen bringst, dann kannst du eine entsprechend frühe Ernte erreichen und wenn du das Vorkeimen zeitversetzt in Angriff nimmst, hast du eine entsprechend lange Ernteperiode.

Paprika ist ein Muss in jedem Gemüsegarten. Dieses Gemüse ist nicht nur leicht zu ziehen, sondern überdies auch noch recht anspruchslos und lässt sich durch die enthaltenen Kerne leicht Jahr für Jahr selbst ziehen. Du solltest sie am besten auf der Fensterbank vorziehen und je nach Witterung zwischen April und Mail dann deine Setzlinge ins Beet bringen. Auch in Kübeln und Töpfen gedeihen Paprika sehr üppig.

Spinat ist wahrlich nicht jedermanns Sache. Wer ihn mag, der sollte ihn in jedem Fall selbst anbauen. Dieses Gemüse ist bestens auch für Anfänger geeignet, es ist anspruchslos und wächst nahezu immer. Klassisch ist der Anbau im Frühjahr und im Herbst, doch in geschützten Lagen kannst du Spinat auch durchaus ganzjährig anbauen. Einzig beachten musst du einen halbschattigen bis sonnigen Standort und einen lockeren Boden, da der Spinat Wurzeln ausbildet, die gut und gerne über einen Meter tief ins Erdreich gelangen können.

Auch die **Tomate** ist eine hervorragende Kultur für Anfänger. Sie gedeiht ebenfalls nahezu überall und bedarf keiner besonderen Pflege. Allerdings solltest du deine Tomatenpflanzen durchaus vor direktem zu starken Regen schützen. Allerdings solltest du deine Tomaten nicht zu früh ins Freie setzen. Hier sind die Eisheiligen Mitte Mai in jedem Fall noch abzuwarten, bevor du deine Pflanzen ausbringst.

Natürlich sollte auch die **Zucchini** nicht in deinem Gemüsegarten fehlen. Besonders beliebt ist die Zucchini nicht nur wegen ihres Geschmacks und ihrer vielseitigen Verwendung, sondern auch wegen ihres besonders reichen Ertrages. Am besten ist es, wenn du sie im Haus vorziehst, um dann deine kleinen Setzlinge ab Mitte Mai ins Freilandbeet umzusetzen. Als Starkzehrer brauchen Zucchini viel Nährstoffe, das solltest du in jedem Fall auch in deiner Fruchtfolge beachten.

Natürlich kannst du auch neben den hier genannten Sorten weitere anbauen. So sind etwa auch Bohnen, je nach Geschmack sehr beliebt. Was immer dein Herz begehrt, kannst du anbauen. Die hier aufgelisteten Sorten sollen dir lediglich einmal einen kleinen Überblick verschaffen, was für dich als Anfänger möglich und sinnvoll ist. Suche dir für den Anfang möglichst keine schwer zu pflegenden Exoten aus. Am besten ist es, du fängst klein und bescheiden an und steigerst dich dann im Laufe der Zeit. Wenn du dir kleine Ziele setzt, dann ist die Chance auf den Erfolg am Anfang am höchsten. Gerade im ersten Jahr ist es sehr entmutigend, wenn du hier Rückschläge einstecken musst. Daher ist es auch für den Anfang ratsam, sich pflegeleichte Sorten auszusuchen. Wie du siehst, hast du hier ohnehin eine breite Auswahl. Alle Sorten lassen sich sowohl im klassischen Beet als auch im Hochbeet anbauen und bringen einen guten Ertrag.

Dein Gemüsegarten Jahreskalender

Der **Januar** ist für deinen Gemüsegarten eigentlich noch die Zeit der Winterruhe. In diesem Monat kannst du natürlich die kommende Gartensaison planen, kannst aber auch schon ein wenig aktiv werden. Der Januar ist im Grunde genommen die beste Zeit, um deine Bäume und Sträucher zu schneiden. Hier solltest du für den Rückschnitt allerdings auf einen frostfreien Tag warten. Allerdings kannst du jetzt im Januar auch beginnen, neue Kräuter vorzuziehen. Hier eignet sich deine Fensterbank ohnehin wunderbar. Auch kannst du gegen Ende des Monats beginnen, Kulturen auf der Fensterbank vorzuziehen, die du dann im März ins Gewächshaus oder ins Frühbeet setzen möchtest.

Im **Februar** ist eigentlich nicht wirklich viel zu tun im Hinblick auf deinen Gemüsegarten. Du kannst den Rückschnitt deiner Zierhölzer und Ziergräser weiter vornehmen. Auch kannst du natürlich im Februar bestimmte frühe Sorten vorziehen, ansonsten jedoch bleibt dir noch ein wenig Ruhe, die du zum Stöbern in Zeitschriften und Katalogen nutzen kannst. Auch kannst du den Februar gerade am Anfang optimal nutzen, um dir einen Plan für deine Fruchtfolge zu machen.

Der **März** wird schon ein wenig abwechslungsreicher, was die Gartenarbeit angeht. Jetzt kannst du schon mit der Vorbereitung deines Bodens beginnen, kannst deinen Kompost umwälzen und ihn entsprechend als Dünger unter Arbeiten. Auch kannst jetzt bereits deine ersten vorgezogenen Pflanzen ins Gewächshaus oder Frühbeet setzen.

Im **April** ist es auch noch ziemlich ruhig. Hier wandern zwar deine Zöglinge schon ins Frühbeet, dennoch ist ansonsten noch nicht allzu viel angesagt. Achte bei warmer Witterung stets auch darauf, deine Frühbeete zu lüften. Allerdings hast du unter Umständen jetzt schon die ersten Schnecken, die versuchen, an deine zarten Pflanzen zu kommen. Du kannst hier einfach am Abend die Tiere absammeln oder du stellst ihnen eine Schale mit Bier auf. Im Hochbeet allerdings sind deine zarten Pflanzen ziemlich gut geschützt und nur selten wird sich eine Schnecke dort hinauf verirren.

Im **Mai**, wenn die Eisheiligen vorbei sind, dann geht auch die richtige Arbeit los. Jetzt kommen alle anderen, frostempfindlichen Pflanzen ins Freie. Hierzu zählen neben Tomaten auch Zucchini und Gurken. Auch solltest du jetzt darauf achten, deine Neusaaten von Salat und Karotten vorzunehmen, wenn du diese dauerhaft anbauen willst. Deine bereits vorbereiteten Beete, in denen nun schon etwas kräftigere Pflanzen sind, solltest du bei einem hohen Nährstoffbedarf der Pflanzen jetzt noch einmal mit einer leichten Jauche düngen, um den Pflanzen ein entsprechend gutes Wachstum zu ermöglichen.

Im **Juni** kannst du schon deine rechtzeitig vorgezogenen, frühreifen Sorten ernten. Danach solltest du die Beete direkt wieder vorbereiten und deine Folgekulturen einbringen. Deine Beete solltest du zwischen den beiden Kulturen am besten einmal flach mit einer Hacke bearbeiten. Das bringt zum einen den Vorteil, dass sich das Unkraut nicht so gut entwickeln kann und zum anderen sorgst du so damit, dass Wasser nicht zu schnell verdunsten kann. Wenn du beispielsweise bei deinen Tomaten oder Gurken eine gleichmäßige Bodenfeuchte erreichen möchtest, dann kannst du die Beete entsprechend auch mit Stroh mulch abdecken.

Im **Juli** geht es nicht nur weiter mit der nächsten Ernte, vielmehr solltest du hier alle freiwerdenden Beete mit den Winterkulturen besetzen. Nicht nur Endivien und verschiedene Kohlsorten, sondern auch Fenchel sollte jetzt Anfang des Monats gesät oder bis spätestens Ende Juli die Setzlinge ausgebracht werden. Auch Radieschen und Salat für die späte Ernte sollten spätestens jetzt gesät werden.

Im **August** sind wir schon im Hochsommer angekommen und genau jetzt ist auch die richtige Zeit gekommen für die Aussaat von Feldsalat oder auch von Spinat. Beide Sorten sind neben dem eigentlichen Wintergemüse am spätesten mit der Ernte dran. Deine jetzt definitiv abgeernteten Beete, auf denen du in diesem Jahr nichts mehr anbauen magst, kannst du nun mit deinem Grünabschnitt, beispielsweise vom Rasen mähen, noch einmal eine gute Portion Stickstoff geben, die sich dann über den Herbst hineinarbeiten kann. So hast du im nächsten Jahr sicher schon einmal eine gute Grundlage im Hinblick auch Nährstoffe und Mineralien.

Der **September** bringt für dich wieder einiges an Arbeit mit sich. Jetzt ist die Haupterntezeit und du wirst alle Hände voll zu tun haben, deine Erträge einzubringen und vielleicht sogar für den Winter zu lagern oder einzukochen. Du kannst jetzt beispielsweise auch noch Wintersorten in die Beete setzen, deren Vorkultur einen besonders hohen Nährstoffbedarf haben. Auf diese Weise kannst du den verbleibenden Stickstoffgehalt im Boden noch optimal ausnutzen.

Im **Oktober** geht die Ernte weiter. Jetzt kommen nämlich alle Sorten an die Reihe, die lange eingelagert werden sollen. Hier empfiehlt es sich zwar, die Ernte so weit wie möglich nach hinten raus zu zögern, dennoch solltest du stets darauf achten, dass sie keinen Frost erwischen. Zwar schaden Karotten und Endivien beispielsweise leichte Frosttemperaturen nicht, dennoch beeinträchtigen sie die Lagerfähigkeit, was nicht erwünscht ist. Wenn du deine Tomaten zum Beispiel vor dem ersten Frost noch grün erntest, dann kannst du diese bei Zimmertemperatur ganz entspannt nachreifen lassen. Deinen Schnittlauch solltest du jetzt beispielsweise aus der Erde holen und die Ballen in Töpfe setzen, welche du wieder in die Erde eingräbst. Du kannst deinen Schnittlauch auch im Winter wieder zum Treiben bringen, wenn du ihn nach der ersten Frostperiode in der Küche wieder zum Treiben animierst. Du wirst erstaunt sein, wie schnell der Schnittlauch auf die veränderten Klimabedingungen reagiert.

Der **November** ist der Monat, indem du deinen Garten auf die Winterruhe vorbereiten kannst. Jetzt kannst du zum Beispiel auch all jene Beete, in denen der Boden besonders fest geworden ist, umgraben. Dies hat den Vorteil, dass die Erdschollen vom Frost auf ganz natürliche Weise gelockert werden. Auf Beeten, wie beispielsweise dem für Karotten oder anderen Sorten, die einen sandigen Boden brauchen, solltest du jetzt einen Frischdünger aufbringen. Das kann der letzte Grasschnitt des Jahres sein, du kannst diese Beete aber auch mit Laub abdecken. Alles, was du jetzt noch an sogenanntem Ernteabfall im Garten hast, solltest du kompostieren. Ob dies nun letzte Pflanzen sind, die doch zu viel Frost erwischt haben oder ob du noch den einen oder Kümmerwuchs stehen lassen hast in der Hoffnung, dass er noch mal was wird.

Im **Dezember** beginnt nun für dich wieder die Ruhephase. Vielleicht hast du noch den letzten Porree oder Grünkohl im Garten. Ansonsten kannst du jetzt deine vergangene Saison auswerten und kräftig Pläne für das nächste Gartenjahr schmieden. Falls du allerdings noch Beerenobst hast, solltest du die Sträucher jetzt dick mit Tannengrün oder auch Stroh abdecken, um die Wurzeln zu schützen. Auch deine Ziergräser sollten jetzt winterfest gemacht werden.

Wenn du selbst für dich immer wieder wissen willst, wie sich alles in den letzten Jahren entwickelt hat, dann solltest du ein Gartentagebuch führen. Hier kannst du nicht nur alle Sorten eintragen, die du anbaust und zeitgleich vermerken, welche Sorten am besten geschmeckt und den meisten Ertrag gebracht haben. Du kannst auf diese Weise auch bestens nachvollziehen, was vielleicht noch nicht so gut funktioniert hat, was du verändern möchtest und wie sich vielleicht auch das eine oder andere Experiment von dir entwickelt hat.

Dein Gartentagebuch hilft dir, wenn du alle angebauten Sorten mit den entsprechenden Kommentaren hier eingetragen hast dabei, deinen Anbauplan für das jeweils nächste Jahr zu erstellen. Zudem ist es eine schöne Sache, wenn du dein eigenes Gartentagebuch später einmal an deine Kinder oder Enkelkinder weiter reichst. Sie können hier wertvolle Erfahrungen entnehmen und können sich ebenfalls auch wunderbar an den Fehlern orientieren, die du selbst gemacht hast. Vorausgesetzt natürlich, du hast deine Fehler auch als solche in dein Tagebuch notiert. Doch auch für dich selbst ist es nach vielen Jahren sicher einmal schön, wenn du deine Tagebücher aus den Anfängen noch einmal anschaust. Hier wirst du sicher an der einen oder anderen Stelle ins Schmunzeln kommen, doch ist und bleibt es eine schöne Erinnerung. Natürlich sollte in deinem Tagebuch keinesfalls fehlen, wie hoch der Ertrag war. Dazu trägst du jeweils ein, wie viele Pflanzen beziehungsweise Setzlinge du ausgebracht hast und wie hoch dein Ernteertrag war. Auf diese Weise kannst du immer auch den Überblick darüber behalten, welche Kulturen du im nächsten Jahr in größerer Anzahl und welche du in geringerer Anzahl anbauen wirst oder solltest.

So kannst du deinen Ertrag optimieren

Wenn du nun im Laufe deines Gartenjahres feststellst, dass du bei gewissen Sorten vermutlich nicht die gewünschte Menge ernten kannst, dann solltest du dir Gedanken machen, wie du deinen Ertrag optimieren kannst. Hier hast du sicherlich verschiedene Möglichkeiten, die wir uns nun im Einzelnen einmal anschauen wollen. Welche dieser Möglichkeiten letztlich für dich die Richtige ist, hängt nicht nur von der Größe deines Gartens ab, sondern auch davon, um welche Sorte Gemüse es sich handelt.

Der Anbau in Dauerkultur eignet sich hervorragend, um deine Erträge zu optimieren. Was ist aber nun eigentlich eine Dauerkultur? Im Grunde genommen ist eine Dauerkultur im Fachgebrauch eine Pflanze, die mehrjährig gedeiht. Einmal gepflanzt bringt sie Jahr für Jahr Früchte oder eben Blüten. Doch um diese Art der eigentlichen Dauerkultur soll es hier nicht gehen. Einfach erklärt, handelt es sich hierbei um Gemüse, das du das ganze Jahr über immer wieder zeitversetzt anbauen kannst. Das einfachste Beispiel ist hierfür wohl der Salat. So, du ziehst den Salat wahrscheinlich im Haus auf deiner Fensterbank vor, damit du auch schon früh im Jahr ernten kannst. Bei Salat kannst du davon ausgehen, dass du alle vier Wochen eine neue Saat ausbringen kannst. Du solltest hier darauf achten, nicht gleich zu viel auf einmal zu säen, sonst hast du eine sogenannte Ernteschwemme, die du nicht mehr verarbeiten kannst. Hier solltest du dich ein bisschen daran orientieren, wie viel Salat du etwa in der Woche brauchst. Du kannst damit rechnen, dass du wahrscheinlich während der Grillsaison einen höheren Bedarf an Salat haben wirst. Du solltest hier alle regelmäßig etwa alle drei bis vier Wochen neu ansäen. Ähnlich kannst du des auch mit Paprika machen. Auch Radieschen und Karotten lassen sich auf diese Weise ziemlich das ganze Jahr über ernten.

Eine weitere Möglichkeit, deine Erträge zu steigern ist, Vorsicht bei der Ernte walten zu lassen. Wenn du zum Beispiel bei der Ernte nur die Früchte nimmst und die Wurzeln möglichst unversehrt lässt, dann ist die unversehrte Pflanze durchaus unter Umständen in der Lage, noch einmal neue Früchte auszubilden. Dies gelingt nicht immer und nicht bei allen Pflanzen, bei den meisten ist es jedoch durchaus möglich. Dies setzt jedoch voraus, dass die Pflanze sich an sich optimal entwickeln konnte und der Boden genügend Nährstoffe aufweist. Damit wären wir auch schon wieder beim nächsten Punkt.

Düngen ist die ultimative Grundlage für den perfekten Ertrag. Willst du deinen Pflanzen wirklich den ultimativen Booster für Wachstum und Ertrag geben, dann solltest du etwa im Wochenrhythmus ein wenig Jauche gießen. Dieser Dünger sorgt für enormes Wachstum und wenn du hier dahinter bist, dann kannst du manche Sorten sogar noch ein zweites Mal anbauen, da du die Ernte natürlich entsprechend früh vornehmen kannst.

Ein weiterer und nicht unwichtiger Faktor, der sich auf deinen Ertrag auswirken kann und auch fast immer auswirkt, ist der Abstand. Wenn du deine Pflanzen zu dicht setzt, weil du meinst, je mehr Pflanzen du auf deinem Beet unterbringen kannst, desto mehr kannst du auch ernten, dann ist das ein Irrtum. Viele Sorten brauchen einen entsprechenden Platz, um sich auch gut entwickeln zu können. Setzt du deine Pflanzen zu dicht nebeneinander, nehmen sie sich nicht nur gegenseitig den Platz weg, sie rauben sich auch untereinander die für das Wachstum so wichtigen Nährstoffe und Mineralien. Dies führt zu Kümmerwuchs. Das hieraus keine ertragreiche Ernte resultieren kann, ist wohl klar.

Auch solltest du im Hinblick auf eine gute Ernte stets darauf achten, dass sich kein Unkraut zwischen deinen Reihen breit macht. Wenn du in Mischkultur anbaust, was ohnehin ratsam ist, dann wirst du mit Schädlingen ohnehin weniger ein Problem haben. Unkraut jedoch hat auch wieder die Auswirkung des Platzmangels wie auch des Nährstoffmangels für deine Setzlinge. Grundsätzlich kannst du dir merken, dass alles, was deine Pflanzen im ungehinderten Wachstum beeinträchtigen könnte, sich auch negativ auf die Ernte auswirken wird.

Wenn du keine Setzlinge ausbringst, sondern Samen, dann solltest du ebenfalls große Vorsicht walten lassen. Zum einen solltest du hier verhindern, dass sich die Vögel deine Samen holen, zum anderen musst du hier besondere Vorsicht walten lassen, wenn die ersten zarten Spitzen durch die Erddecke brechen. Nicht nur Vögel, auch Mäuse und Schnecken warten nur auf diesen reich gedeckten Tisch. Deine Samen solltest du zwar nie zu tief in die Erde bringen, dennoch sollten sie genügend Schutz vor Vögeln und anderen Samendieben haben.

Ansonsten heißt es für dich im Hinblick auf die Optimierung deiner Erträge einfach, gut beobachten und für ausreichend Wasser sowie einen lockeren, gut gedüngten Boden sorgen. Solltest du kranke Pflanzen entdecken, bist du gut beraten, wenn du diese umgehend entfernst. Wenn du immer ein wachsames Auge auf deine Pflanzen hast, dann kannst du entsprechend schnell handeln und deine gute Ernte sichern.

Grundlegend solltest du neben der Fruchtfolge und dem gewünschten Standort der Pflanzen immer auch darauf achten, dass der Boden passt. Wenn du alle wichtigen Bedürfnisse der Pflanze beachtest, dann kannst du davon ausgehen, dass deine Ernte auch entsprechend gut ausfallen wird. Allerdings solltest du immer auch darauf bedacht sein, keine reine Ernteschwemme zu bekommen. Natürlich musst du auch akribisch auf selbst kleinste Anzeichen von Schädlingen achten. Gerade Schnecken sind für junge Pflanzen sehr gefährlich, weshalb du gerade deine kleinen zierlichen Pflanzen besonders gut im Auge behalten musst. Was genau du allerdings im Hinblick auf die Schädlinge machen kannst, um deine Pflanzen zu schützen, werden wir uns in einem eigenen Kapitel noch genauer anschauen.

Dein Kompost – diese Möglichkeiten hast du

Der Kompost ist im Grunde genommen ein fester Bestandteil eines jeden Gartens. Obgleich es auf den ersten Blick recht simpel erscheinen mag, einen Komposthaufen anzulegen, kannst du hier jede Menge falsch machen. Das wiederum hat dann zur Folge, dass du den Kompost nicht unbedingt als wirkungsvolles Mittel zum Düngen nutzen kannst. Schauen wir uns zunächst einmal an, welche Möglichkeiten du hast, einen Kompost anzulegen.

Für deinen Gemüsegarten eignet sich grundlegend ein normaler, offener Komposthaufen. Hier solltest du einen Platz wählen, der gut zugänglich ist. Beachten musst du hierbei, dass du neben deinem Komposthaufen noch genügend Platz hast, dass du diesen einmal bis zweimal im Jahr umwälzen kannst. Das heißt, du schaufelst deinen kompletten Kompost einmal nebenan hin. Auf diese Weise hast du einmal deinen ganz frischen Kompost unten, kommst aber an den Humus vom alten Kompost ran. Diesen kannst du immer wieder wunderbar für deine Hochbeete und deine Töpfe nutzen. Den älteren Kompost, also die mittlere Schicht deines Komposthaufens kannst du wunderbar nutzen, um deine Beete zu düngen. Lediglich den ganz frischen Kompost solltest du nicht unbedingt nutzten. Wichtig ist in diesem Zusammenhang auch noch zu wissen, dass du deinen Komposthaufen entweder dann umwälzt, wenn der Boden noch nicht ganz aufgetaut ist oder dann, wenn der Boden im Spätherbst beziehungsweise Frühwinter gerade gefroren ist. Wenn der Boden weich und durchlässig ist zu der Zeit, wo du deinen Kompost umwälzt, dann kann es sein, dass Nitrit in den Boden und somit auch in das Grundwasser gelangt. Dies solltest du natürlich in jedem Fall verhindern.

Eine weitere Variante für deinen Kompost ist ein sogenannter Schnellkomposter. Dieser eignet sich allerdings nur bedingt für den Gemüsegarten. Das Prinzip Schnellkomposter beruht auf dem Klima, das sich in diesem Behälter ausbreitet. Dabei wird der Prozess in den meisten Fällen durch ein Granulat beschleunigt, das immer mal wieder eingestreut wird. Ein Schnellkomposter ist also nicht zwingend in der Lage, biologischen Humus zu liefern. Das hängt im Umkehrschluss davon ab, welchen Beschleuniger du hier verwendest. In diesem kleinen Container, der meist aus Kunststoff besteht, hast du also oben einen verschließbaren Deckel, durch den du deinen Kompost, also deine Grünabfälle einwerfen kannst. In der Mitte hast du bei den meisten Modellen auch noch eine Art Revisionsklappe für Kontrollzwecke. Im unteren Bereich findest du nahezu immer eine Art Schublade, in welcher sich der Humus sammelt. Das Prinzip hierbei funktioniert ziemlich ähnlich wie bei einem normalen Komposthaufen. Der Boden des Sammelbehälters besteht aus einem Sieb, durch welches der durch die Verrottung entstehende Humus quasi in die Schublade hinunterfallen kann, wo du ihn bequem entnehmen kannst. Die doch recht geringe Menge an Humus, die bei einem solchen System entsteht, reicht wohl kaum aus, um deinen Bedarf im Gemüsegarten zu decken. Wohl aber kannst du diesen Humus beispielsweise wunderbar nehmen, um deine Samen vorzuziehen.

Der Schnellkomposter bietet dir im Gegensatz zum frei gelagerten Komposthaufen den großen Vorteil, dass sich hier keine Mäuse oder Ratten einnisten können. Igel haben hier allerdings auch keine Chance. Im frei gelagerten Komposthaufen hingegen schlagen sie durchaus gerne mal ihr Winterquartier auf. Hier musst du dann nämlich auch gerade im Frühjahr beim Umschaufeln vom Komposthaufen große Sorgfalt walten lassen schon manch ein Igel wurde hierbei von einer Mistgabel getroffen, was durchaus böse Folgen haben kann.

Schauen wir uns nun noch einmal an, was du beachten musst, wenn du einen Komposthaufen anlegen willst. Zunächst einmal solltest du hier bei der Wahl des Standortes einiges bedenken. Nach Möglichkeit solltest du deinen Kompost nicht direkt an Nachbars Zaun platzieren. Zumindest nicht, ohne vorher dessen Zustimmung einzuholen. Dann solltest du darauf achten, dass dein Komposthaufen von drei Seiten zugänglich ist und dass du nebenan noch einmal denselben Platz frei hast, damit du ihn auch umwälzen kannst. Optimal wäre ein Platz, den du gut erreichen kannst und der es dir auch ermöglicht, den gewonnenen Humus bequem mit der Schubkarre zu deinen Beeten zu fahren.

In keinem Fall solltest du Essensreste auf einem frei angelegten Komposthaufen entsorgen. Küchenabfälle selbst kannst du hier entsorgen. Essensreste würden nur zur Folge haben, dass du neben einer Vielzahl von Mäusen sicher auch Wanderratten anziehst, welche du sicher nicht in deinem Garten haben willst. Auch dickere Äste oder Äste überhaupt haben im Grunde genommen nichts auf einem Kompost verloren, da sie nur sehr langsam verrotten und deinen Boden sauer machen. Diese solltest du häckseln, dann kannst du sie unter deinen Komposthaufen mischen. Rasenabfälle und Laub hingegen sind hier bestens aufgehoben. Mit einer guten Schicht Laub kannst du allerdings auch deine Beete abdecken, um sie für den Winter vorzubereiten.

Achte immer auch darauf, dass dein Kompost sich möglichst schön nach oben hin entwickelt und nicht alles in die Breite geht. Du musst also das, was an den Seiten herunterrutscht, schon immer mal wieder nach oben schaufeln. Das sollte aber nur zweimal bis dreimal im Jahr der Fall sein und da du deinen Kompost ja ohnehin einmal um schaufelst im Jahr ist das nicht unbedingt ein Mehraufwand. Achte auch immer darauf, dass du auf Materialien, die schwerer verrotten, wie beispielsweise Rückschnitte deiner Ziersträucher, immer mal wieder die eine oder andere Schicht Grasschnitt oder Laub gibst. Beides verrottet recht schnell und die dadurch entstehenden Bakterien beschleunigen auch den Verrottungsprozess bei Materialien, die normalerweise nur recht langsam verrotten.

Durch das Verrotten und die dabei entstehenden Bakterien bildet sich Wärme im Inneren des Komposthaufens. Diese Wärme muss im Inneren bleiben, denn nur so kann ein konstanter Prozess des Verrottens und Vergärens aufrechterhalten werden. Daher ist es auch wichtig, dass dein Kompost nicht zur Seite hin wegbricht. Wenn du also merkst, dass dein Komposthaufen zu schnell zu groß wird, dann solltest du dir einen zweiten Komposthaufen anlegen. Es ist wichtig, dass das Klima im Inneren erhalten bleibt, sonst wird der Prozess unterbrochen und du bekommst keinen guten Humus.

Im ersten Jahr solltest du deinen Komposthaufen ohnehin erst einmal vollkommen in Ruhe lassen. Erst nach etwa einem Jahr kannst du mit dem Spaten oder der Schaufel aus dem unteren Teil eine Probe nehmen. Hast du hier zwar schon einen guten Teil Humus, trotzdem aber noch einen gewissen Anteil an Kompost, dann ist es ratsam, den Humus vor dem Einbringen in deine Beete noch einmal durch ein Sieb zu werfen. Auf diese Weise kriegst du auch größere Klumpen fein gerieben und hast einen herrlich locker weichen und durchlässigen Humus für deine Beete. Die noch nicht ganz verrotteten Kompostanteile, die du hierbei quasi heraus siebst, solltest du beim Umschaufeln deines Komposthaufens etwa in der Mitte wieder in den neuen Kompost einarbeiten. Auf diese Weise können die Mikrobakterien den Prozess der Verrottung beschleunigen. Falls du beim

Umschaufeln sogar noch Grünabfälle hast, gib diese direkt über die ausgesiebten Kompostreste und du wirst sehen, es wird im nächsten Intervall schon viel schneller gehen.

Es dauert natürlich schon eine Zeit, bis sich im Komposthaufen das perfekte Klima gebildet hat. Ist dieses jedoch erreicht und du achtest ein wenig auf deinen Komposthaufen, dann wirst du in den Folgejahren jede Menge besten Humus haben. Du siehst, es ist ohnehin nicht viel, was du beachten musst, und ist dein Komposthaufen erst einmal sozusagen eingefahren, dann läuft eigentlich alles von selbst und du hast kaum noch Arbeit damit. Außer eben, dass du ihn einmal bis zweimal im Jahr umwälzen musst. Angesichts der Tatsache, dass du hier einen hervorragenden Nährboden für deine Beete bekommst, ist das aber mehr ein Vergnügen als wirkliche Arbeit. Und wenn du Igel findest, die im Haufen überwintert haben oder gar ihre Jungen dort großziehen, dann weißt du definitiv, dass du alles richtig gemacht hast.

Welche Anfängerfehler du vermeiden solltest

Es geht ja eigentlich gar nicht anders und ja, du wirst am Anfang durchaus den einen oder anderen Fehler machen. Über den einen wirst du dich vielleicht sogar mehr ärgern als über einen anderen. Dennoch solltest du bestimmte Fehler in jedem Fall versuchen zu vermeiden. Gerade im Bereich Gemüsegarten kosten dich gewisse Fehler nicht nur eine Menge Geld, sondern zudem auch Nerven, Zeit und Arbeit. Manch einer hat dieses an sich sehr schöne Hobby des Gärtners schnell wieder aufgegeben, nachdem er herbe Rückschläge verbuchen musste. Damit dir das nicht passiert und du nicht gleich den Spaß an der Freude verlierst, schauen wir uns hier einmal an, welche Anfängerfehler du in jedem Fall vermeiden solltest.

1. **Das Konzept:** Es gibt unzählige Konzepte, die alle für sich selbst den Status des ultimativ richtigen Konzeptes erheben. Doch hier ist gerade für dich als Anfänger große Vorsicht geboten. Wenn du in deinem Gemüsegarten ein bestimmtes Konzept umsetzen willst, dann entscheide dich für eins und bleibe dann auch bei diesem einen. Versuche ganz besonders am Anfang nicht, verschiedene Konzepte miteinander zu vermischen. Du wirst ohnehin im Laufe der Zeit deine eigenen Erfahrungen und Ideen im Gemüsegarten umsetzen. Es ist allerdings auch so, dass nicht jedes Konzept zu jedem

Garten passt und selbst wenn du dir hier vorab einen Fachmann kommen und dich beraten lässt, hast du keine Garantie für den Erfolg. Wenn du wirklich ein Konzept suchst, dann solltest du gerade in den ersten Jahren mal im Bereich der Permakultur bleiben. Hochbeete, Mischkulturen und dergleichen sind ja feste Bestandteile der Permakultur und Elemente dieses Konzeptes, die dir den Anbau sehr erleichtern werden. Versuche dich also nicht direkt an irgendeinem besonders exotischen oder schwierigen Konzept, nur weil es interessant klingt. Willst du so etwas ausprobieren, dann solltest du hiermit durchaus noch das eine oder andere Jahr warten. Nur nicht ungeduldig werden, deine Zeit kommt schon noch, in der du dich vollkommen selbst verwirklichen kannst. Schon bald wirst du ohnehin dein vollkommen eigenes Konzept fahren. Doch das geht nur, wenn du vorher entsprechende Erfahrungen gesammelt hast.

2. **Geduld**: Hierbei scheitert es gerade bei Anfängern ganz oft. Es wird dir aber nichts anderes übrigbleiben, als das du dich in Geduld übst und wirklich erst Schritt für Schritt deine Vorbereitung durchziehst. Wenn du dein Gemüse vielleicht auch noch zu früh in unfertige Beete pflanzt, dann wird das mit der Ernte nichts. Zumindest nichts Gescheites. Die Vorbereitung ist die Grundlage deiner Ernte und deines Erfolges, hier solltest du also wirklich keinen Schritt auslassen. Vor allem dann, wenn du erst einmal deine ersten

Beete anlegen musst, zieht sich alles enorm lange hin. Doch kannst du hier auch den einen oder anderen schönen Nachmittag mit deinen Kindern oder der Familie verbringen. Wenn du vielleicht immer im Hinterkopf behältst, dass du am Ende des Gartenjahres mit dem, was du mit eigenen Händen geschaffen hast, deine Familie ernähren kannst, dann hilft dir das vielleicht dabei, deine Ungeduld etwas im Zaum zu halten. Ein zu frühes einbringen deiner Pflanzen und Samen wird dich nicht zum Erfolg bringen und du wirst dich mehr ärgern als dass du dich an einer guten Ernte freuen kannst.

3. **Keine Experimente:** Dies ist ein weiterer Fehler, den vor allem Anfänger immer wieder machen. Sie wollen möglichst alles auf einmal ausprobieren. Dabei läufst du allerdings bald schon Gefahr, dich zu verzetteln und den Überblick zu verlieren. Wenn du nun dennoch mal das eine oder andere ausprobieren möchtest, dann solltest du dies in einem eigenen Hochbeet tun. Allerdings ist es wirklich gerade in den ersten beiden, wenn nicht in den ersten drei Jahren wichtig, dass du dich einfach an das Altbewährte hältst und dich nicht in Experimente verlierst, solange du noch nicht einmal die eigentlichen Grundlagen sicher beherrscht. Du kannst auch nicht versuchen, einem Kind das Radfahren beizubringen, solange dies noch nicht einmal laufen kann. Klar, eigentlich ein blöder Vergleich, aber so verstehst du vielleicht am besten, was hiermit gemeint ist. Lerne also erst einmal laufen, bevor

du rennen oder fahren willst. Alles andere würde dich nicht nur verwirren, sondern vor allem unter Umständen auch noch eine Menge Geld und Nerven kosten.

4. **Spare nicht an Planung und Vorbereitung:** Nicht selten wird in beiden Bereichen gespart, was sich natürlich durchaus auch auf die Ernte negativ auswirken kann. Sicher wirst du zunächst einmal eine gewisse Summe investieren müssen, bevor du deine ersten Setzlinge oder Samen in den Boden einbringen kannst. Doch hier sparst du definitiv am verkehrten Ende. Es bringt dir beispielsweise gar nichts, wenn du am Humus sparst und stattdessen den Erdaushub der nächstgelegenen Baustelle verwendest. Von dem, was du da auf deine Beete kippst, können deine Pflanzen sich nicht richtig entwickeln. Wenn dir das, was du brauchst, zu teuer ist, dann fange doch erst einmal mit einem oder zwei Beeten an. Lege vielleicht auch erst einmal nur ein Hochbeet an und im nächsten Jahr dann ein zweites und so weiter. Auf diese Weise kannst du auch ohne allzu große Investition deine ersten Erfahrungen sammeln. Sicher ist es nie verkehrt, die Preise zu vergleichen. Vor allem dann, wenn du große Mengen an Humus benötigst, kann sich das Vergleichen durchaus rechnen. Doch hier am verkehrten Ende zu sparen, wäre wirklich ein fataler Fehler.

5. **Deine Ziele:** Hier solltest du immer realistisch bleiben und dich nicht gleich am Anfang übernehmen. Je kleiner du deine eigenen Ziele absteckst, desto geringer ist die Chance, eine Enttäuschung zu erleben. Du musst nicht direkt im ersten Jahr die komplette Bandbreite anbauen. Versuch dich anfangs wirklich einmal mit den Sorten, die auch für Anfänger geeignet sind. Robust, pflegeleicht und wenig anspruchsvoll, so sollten deine ersten Kulturen sein. Vor allem dann, wenn du noch nie was mit dem eigenen Garten zu tun gehabt hast. Wenn du schon jahrelang einen Ziergarten hattest und nun auf einen Gemüsegarten umsteigen möchtest, weil du vielleicht den Weg in die Selbstversorgung gehen möchtest, dann kannst du dir natürlich durchaus schon etwas mehr zutrauen. Dennoch solltest du auch hier noch nicht gleich allzu große Ziele zu realisieren versuchen. Scheue dich vor allem niemals, Profis, um Rat zu fragen. Auch wenn vielleicht manche Methoden deines Opas heute vollkommen veraltet erscheinen, so haben sie dennoch ihren Zweck erfüllt und immer eine gute Ernte gebracht. Auch kennen die sogenannten alten Hasen noch viele Tricks, die einen Einsatz der chemischen Keule überflüssig machen. Dies ist vor allem im Bereich der Schädlingsbekämpfung der Fall. Doch dazu kommen wir später noch genau.

Schädlinge vermeiden und bekämpfen

Du wirst sicher nicht die ganze Mühe einer sorgfältigen Vorbereitung auf dich nehmen, um dann zuzuschauen wie Schädlinge sich an deinen kleinen und großen Pflanzen gütlich tun. Sicher kannst du durch den Anbau von Mischkulturen einiges an Schädlingen von Haus aus verhindern, dennoch hast du auch hier keine Garantie. Natürlich kannst du auch direkt die chemische Keule auspacken und mit Gift arbeiten. Das jedoch wäre sicher nicht Sinn der Sache, dann könntest du auch direkt das gespritzte Gemüse aus dem nächsten Discounter kaufen und dir so eine Menge Arbeit sparen. Du möchtest ja sicher natürlich gewachsenes und unbehandeltes Gemüse auf den Tisch bringen und dich gesund ernähren. Demnach solltest du auch versuchen, deine Schädlinge möglichst auf natürliche Weise zu bekämpfen und im Umkehrschluss dafür sorgen, dass sie gar nicht erst an deine Pflanzen können.

Sicher sind Hochbeete bei einigen Schädlingen, wie beispielsweise bei Schnecken besonders gut geeignet, sie von deinen Pflanzen fern zu halten. Doch auch hier wird es die passieren, dass sich das eine oder andere Exemplar dennoch auf den Weg hinauf zu deinen zarten Pflanzen macht. Schauen wir uns also nun einmal an, was du gegen die am häufigsten auftretenden Schädlinge machen kannst. Dabei werden wir rein auf alte Hausmittel setzen, deren Wirksamkeit schon deine Großeltern zu schätzen wussten.

Wühlmaus und Maulwurf sind in den meisten Gärten zu finden. Hier die Tunnel zu fluten würde nicht wirklich viel bringen. Gift auslegen ist auch keine Alternative, was also tun. Zum einen hast du gerade bei der Maus die Möglichkeit, überall in deinem Garten Minze zu pflanzen. Den Geruch mögen Mäuse und im Übrigen auch Zecken und Fliegen so gar nicht. Doch auch dies sollte nicht unbedingt deine erste Wahl sein. Viel effektiver ist die Flaschenmethode. Hierbei brauchst du eine Glasflasche, einen Baum und einen Löffel. Optimal ist es, wenn du alles direkt über einem Eingang von Maus oder Maulwurf platzieren kannst, dennoch geht es auch so. Du bohrst ein nicht zu kleines Loch in den Flaschenboden, sodass du hier einen kleinen Stock, an dem du ein entsprechend langes Band befestigt hast, hineinschieben kannst. Die Flasche sollte nun kopfüber so angebracht werden. Dass der Flaschenhals ziemlich dicht über dem Boden hängt. Neben der Flasche befestigst du am selben Ast einen Löffel mit einem entsprechend langen Band. Geht der Wind, klappert der Löffel gegen die Flasche. Diese Schallwellen werden in den Boden übertragen und zwingen Mäuse wie auch Maulwürfe in die Flucht. Dies geschieht sicher nicht über Nacht, doch spätestens nach zwei Wochen solltest du deine Plagegeister losgeworden sein. Lass die Flaschenkonstruktion aber ruhig noch den ganzen Sommer überhängen. Auf diese Weise kannst du verhindern, dass sich erneut Mäuse oder Maulwürfe in deinem Garten breit machen.

Schnecken sind ebenfalls eine nicht zu unterschätzende Plage, die sich vor allem mit großer Hingabe deinen jungen Salatpflanzen widmen werden. Hier hast du im Grunde genommen verschiedene Möglichkeiten, die Schädlinge loszuwerden. Zum einen kannst du natürlich jeden Abend dich daran machen, die Schnecken abzusammeln. Das wäre jedoch gerade dann, wenn du einen großen Gemüsegarten hast, nicht sehr sinnvoll. Laufenten wären hier eine gute Alternative. Sie befreien dich schnell und effektiv von deiner Schneckenplage und wenn du ihnen selbst genügend Grünfutter anbietest, ist der Verlust bei deinen eigenen Pflanzen sehr gering. Noch besser ist es jedoch, wenn du um deine Beete, die betroffen sind, Bierfallen aufstellst oder einfach Sägespäne streust. Über die Sägespäne können sich die Schnecken nicht gut fortbewegen, da ihr Schleim trocken und gebunden wird. Du kannst auch Salz streuen, doch das wäre ein ziemlich grausamer Tod für die Schnecken.

Blattläuse sind nicht nur bei Zierpflanzen eine Plage, sie können durchaus auch mal auf deine Gemüsepflanzen übergehen. Hier gibt es ganz einfache Hausmittel, wie du sie loswirst. In den meisten Fällen setzt du eine Lösung an, mit der du die betroffenen Pflanzen einsprühst. Dies ist übrigens auch bei befallenen Zimmerpflanzen sehr effektiv. Zum einen kannst du ein wenig Schmierseife in gut zwei Liter Wasser lösen und die Pflanzen damit einsprühen. Dasselbe funktioniert aber auch hervorragend mit einem besonders starken Kaffee, den du mit einigen Tropfen Spülmittel versetzt. Du kannst allerdings auch zwischen deine Beete Oregano pflanzen, den Geruch mögen Blattläuse gar nicht, ebenso wenig wie den von Lavendel. Hast du beide Pflanzen im Garten, so stehen deine Chancen gut, dass du erst gar keine Blattläuse bekommst, die du behandeln musst.

Beim **Mehltau** handelt es sich im Grunde genommen nicht wirklich um einen klassischen Schädling. Vielmehr ist dies eine Art Pilz, der die Pflanzen befällt und sie dadurch schwer schädigen kann. Betroffene Blätter musst du in jedem Fall umgehend entfernen. Die restlichen Pflanzen behandelst du mit einer 1:8 Mischung aus frischer Kuhmilch und Wasser. Auch hier einfach sprühen.

Vögel können dir ebenso gefährlich werden, besser gesagt deine Ernte in Gefahr bringen. Dies ist immer dann der Fall, wenn du frisch angesät hast. Nicht selten gehen Vögel dann bei und versuchen, sich die frisch eingebrachten Samen wieder aus dem Boden zu holen. Hier kannst du jedoch ganz einfach Abhilfe schaffen, indem du im Garten einige alte CDs aufhängst. Du solltest hierbei aber darauf achten, dass du nicht irgendwo ein Pärchen Stare oder Amseln hast, die nisten. Dann kann es nämlich durchaus dazu führen, dass diese nicht mehr in ihr Nest gelangen, weil sie von den CDs abgeschreckt werden.

Auch **Ameisen** können dir durchaus das Leben schwer machen. Doch auch hier gibt es eine ganz einfache Methode, wie du ihnen habhaft werden kannst. Wenn sich die Ameisen in deine Töpfe oder Hochbeete verirrt haben, so solltest du diese einfach mit Vaseline einschmieren. Auf diese Weise können die Ameisen nicht mehr hinaufgelangen. Im Garten ist es sehr hilfreich, wenn du zwischen die Beete einfach Zitronenschalen verteilst, da sie diesen Geruch so gar nicht mögen. Obgleich Ameisen im Grunde genommen ein wirklich wichtiger Bestandteil unseres Ökosystems. Dennoch sind die nicht unbedingt das, was wir in unseren Beeten zwischen den zarten Trieben haben wollen. Das Problem ist, hast du die Ameisen erst einmal im Garten, dann hast du sie bald auch auf der Terrasse und im Haus. Du kannst den Bau natürlich auch suchen und immer mal wieder einen Eimer

Wasser darüber kippen. Hierdurch fühlen sie sich irgendwann so dermaßen gestört, dass sie einfach umziehen. Auch helfen dir Kräuter dabei, Ameisen fernhalten zu können. Neben dem bewährten Lavendel helfen dir hier auch Thymian oder Majoran bestens dabei, die Ameisen zu vertreiben. Pflanze einfach einige Kräuter zwischen deine Beete und du wirst schnell Ruhe haben. Genauso kannst du es auch auf der Terrasse und im Haus machen.

Schildläuse wirst du zwar nur recht selten an deinen Gemüsepflanzen finden, dennoch sind die eine Plage und wenn sie sich erst einmal auf deinen Rosen oder anderen Pflanzen niedergelassen haben, kann es durchaus sein, dass sie auch auf die eine oder andere Gemüsepflanze gehen. Schildläuse kannst du jedoch ganz einfach und schonend mit Pflanzenöl behandeln. Hiermit tupfst du schlichtweg die befallenen Pflanzen ab und damit verschwinden auch die Schildläuse.

Sicher kannst du nie verhindern, dass sich der eine oder andere Schädling zu deinen Pflanzen verirrt und sich an ihnen labt. Doch wenn du vor allem deine jungen Gemüsepflanzen stets gut im Auge behältst, dann kann hier nicht viel passieren. Es ist immer besser, die Schädlinge auf natürliche Weise zu behandeln und zu bekämpfen. Schnecken beispielsweise kannst du verhindern, indem du deine Beete mit Sägespänen umrandest, dann kommen sie gleich gar nicht erst an deine Pflanzen heran. Denke aber hier

zum Beispiel daran, dass der Rand nicht zu schmal ist. Etwa zehn Zentimeter breit sollte er schon sein.
Solltest du bemerken, dass die Schnecken dennoch an deine Pflanzen gelangen, solltest du die Schicht Sägespäne etwas dicker und breiter machen. Auch darfst du hier keine groben Hobelspäne verwenden. Am effektivsten ist wirklich feine Sägespäne, da nur sie in der Lage ist den Schleim zu binden und die Schnecken so an der Vorwärtsbewegung hindern.

So machst du deinen Garten winterfest

Natürlich geht auch für dich irgendwann einmal die Gartensaison zu Ende und dann heißt es alles startklar für den Winter machen. Wie du deine Beete bestens für den Winter vorbereiten kannst, haben wir uns ja schon in deinem Gemüsegarten Jahreskalender angeschaut. Doch wie schaut es mit dem Rest des Gartens aus? Natürlich gehört mehr dazu, den Garten winterfest zu machen, als nur die Beete einmal umzugraben. Schauen wir uns also nun im Folgenden einmal genauer an, wie du deinen Garten als Ganzes winterfest machst.

Deine Geräte sind natürlich hier besonders wichtig. Wenn du sie dem Winter mit Frost und Schnee aussetzt, werden sie dir bald keine guten Dienste mehr leisten können. Also sollten deine Werkzeuge in jedem Fall in der Garage oder dem Schuppen gelagert werden. Davor jedoch solltest du sie in jedem Fall noch einmal gründlich putzen und auf Beschädigungen überprüfen. Achte beim Einlagern darauf, dass dir die Geräte nicht im Weg umgehen und du solltest auch darauf achten, dass die trocken lagern.

Daneben musst du natürlich auch deine Frühbeete winterfest machen. Hier musst du prüfen, ob deine Abdeckung stabil genug ist, dem Schnee standzuhalten. Alternativ ist es ratsam, die Abdeckung deiner Frühbeete zu entfernen und solange einzulagern, bis der Große Schnee und Frost vorbei sind. Auch bei deinen Frühbeeten und Hochbeeten solltest du vor dem Winter noch einmal auf Schäden aller Art achten. Deinen Kompost solltest du im Spätherbst erst mit dem ersten Nachtfrost umwälzen.

Empfindliche Pflanzen, wie Ziergräser und dergleichen mehr solltest du mit einer dicken Schicht Stroh, Tannengrün oder Ähnlichem abdecken. Frostempfindliche Pflanzen gehören nun natürlich ins Haus oder entsprechende, nicht winterharte Knollen in den Keller. Ansonsten bleibt dir jetzt nur noch sozusagen der umgekehrte Frühjahrsputz. Dabei solltest du das Laub vom Rasen entfernen, damit dieser auch über den Winter atmen und der Frost den Boden auflockern kann.

Mit Einsetzen des ersten Frostes ist es dann auch an der Zeit, gegebenenfalls dein Vogelhaus aufzustellen und dich auf die

Winterfütterung deiner Gartenvögel vorzubereiten. Deinen Kompost solltest du immer dann im Spätherbst ruhen lassen, wenn du hier den einen oder anderen Igel hast, der sich deinen Kompost als Winterquartier auserkoren hat. Du siehst, allzu viel ist nicht mehr zu tun, nachdem du deine Beete auf den Winter vorbereitet hast. Deine Terrasse und Co wirst du ja ohnehin Jahr für Jahr auf dieselbe Weise winterfest machen.

Was deinen Küchengarten betrifft, hier kommt es auch darauf an, was du angepflanzt hast. Die meisten Kräuter werden zum Winter hin kurz über der Erde abgeschnitten und zur Sicherheit abgedeckt, um Frostschäden zu vermeiden. Ansonsten solltest du auch hier die Beete noch einmal reinigen und sie von Laub und Unkraut befreien.

Besonders späte Sorten, wie beispielsweise Grünkohl, erntest du ja erst nach dem ersten Frost. Hier kannst du nach der Ernte dann eventuell die Beete auch noch einmal umgraben, sodass der Boden durch den Frost wieder aufgelockert werden kann. Wenn dies nicht mehr geht, da der Frost schon anhaltend ist, dann kannst du diese Arbeit auch gut auf das Frühjahr verschieben, das ist auch nicht schlimm. Du hast dann bei der Vorbereitung mehr Arbeit, dennoch ist dieses Risiko bei so späten Sorten unumgänglich. Dafür hast du auch Jahre dabei, in denen du nach der Ernte durchaus noch einmal umgraben kannst.

Alles in allem bist du nun also fertig mit deinem ersten Gartenjahr.

Du hast im Frühjahr deine Beete angelegt und vorbereitet, hast deine Pflanzen in die Erde gebracht, sie gehegt und gepflegt und sie dir am Ende natürlich schmecken lassen. Nun ist es also endlich an der Zeit, sich entspannt zurück zu lehnen, das Gartenjahr noch einmal Revue passieren zu lassen und Pläne für das neue Jahr zu schmieden. Dabei kannst du deine Erfahrungen aus dem vergangenen Gartenjahr direkt auch in deine Planung für das neue Jahr mit einzubeziehen. Vielleicht wirst du jetzt schon erste Änderungen an deinem ursprünglichen Anbauplan vornehmen, wirst vielleicht die eine oder andere Sorte weglassen oder aber auch neu dazu nehmen. Jetzt ist die Zeit gekommen, in der du beginnst, Kataloge zu wälzen. Auch in den verschiedenen Gartenzeitschriften findest du eine Menge Anregungen, welche dir die Planung für das kommende Jahr erleichtern werden.

So gerne du auch das eine oder andere ausprobieren möchtest, halte dich in jedem Fall jedoch immer an das, was im vergangenen Jahr gut funktioniert hat. Warum etwas ändern, das sich gut bewährt hat? Erstelle dir ruhig auch für das nächste Jahr noch einmal einen Anbauplan, das hilft dir in jedem Fall dabei, deine Fruchtfolge zu beachten. Auch kannst du diesen ersten Winter wunderbar nutzen, um zu schauen, von welcher Sorte du im nächsten Jahr vielleicht mehr oder auch weniger anbauen solltest. Das alles kannst du dann wunderbar in deinen neuen Anbauplan einfließen lassen.

Schlusswort

Jetzt hast du das Wissen dazu einen richtig guten Garten aufzubauen und ab jetzt liegt es nur mehr an dir wie oder wo du deinen eigenen Garten aufbauen willst halte dich an diesen kleinen Ratgeber und du wirst Stück für Stück merken wie dein Garten sprießen und Wachsen wird, der Garten wird mit dir Wachsen und Gedeihen und er wird dich in Zukunft ernähren.
Du wirst merken wie befriedigend es sein wird dein eigenes Gemüse in den Händen zu halten und vor allem es zu Essen. Du wirst eine Weile brauchen bist du deinen eigenen Garten Stil erarbeitet hast und auch um Erfolge zu sehen, aber ich versichere dir es wird sich lohnen.
Der Erfolg ist leichter als du denkst und du bist nur ein kleines Stück davon entfernt dich selbst zu versorgen und kein Sklave der Nahrungsmittel Fabriken und Gen Gemüse zu sein.

Danke das du dieses Buch gekauft hast und viel Erfolg mit deinem eigenen Garten.

Mit freundlichen Grüßen. Maria Hoeller

Rechtliches

Impressum:
Herausgeber:
David Pirker
Linderwaldsiedung 1
8740 Zeltweg
Österreich

Cover : a href=httpswww.freepik.comphotosfoodFood photo created by freepik - www.freepik.coma

Deck Blatt: a href=httpswww.freepik.comvectorsflowerFlower vector created by nenilkime - www.freepik.coma